相続税専門税理士が実践する

エンディングノート & 遺言書活用術

税理士法人チェスター　CST法律事務所
税理士　　　　　　　　弁護士

河合 厚・山田庸一 編著

税理士法人チェスター　税理士法人チェスター
税理士　　　　　　　　税理士　　　　　　　　税理士

前山静夫・山中啓二郎・小林寛朋 著

遺言書の文案・
チェックリスト
付き

JN222285

は し が き

　今，遺言書の作成が，静かなムーブメントを巻き起こしかけている。

　その要因は，高齢化社会の到来，それに伴う「おひとりさま」や相続トラブルの増加，遺言書作成に係るオンラインサービスの普及，自筆証書遺言書保管制度などの法的整備，自筆証書遺言目録をパソコン等で作成できるようになったこと，などによるものと考えられる。また，40歳以上の4割以上の者が，「遺言を必要と思う」と回答したとの統計もある。

　遺言書は専ら，相続トラブル（争族問題）の防止，相続手続の円滑化，相続人以外の者への財産分与などの特別の事情への対応のために作成されている。また，相続税の節税対策として作成されているものもある。

　遺言書を作成するメリットとしては，①自分の意思を尊重できる，②残される家族の負担軽減を図ることができる，③相続トラブルのリスクを軽減することができるなどが挙げられる。

　税理士としても，クライアントなどに生前相続対策として遺言書の作成を促すことは重要である。

　この場合，クライアントによっては，遺言書作成に抵抗感を示される方も多いと想定されることから，いわゆるエンディングノートやライフノートの作成から遺言書作成に導くのも有効である。

　また，相続税申告書の作成時に，遺言書が作成されている場合，適切な助言・指導が重要となる。

本書は，相続対策を踏まえた遺言書の作成をめぐる，主に税理士の関与について，①遺言書作成をめぐる最近の動向，②遺言書作成の重要性のほか，③エンディングノート等を用いた資産家の財産等の洗い出し，④相続税対策の立案とそのポイント，⑤相続税対策を遺言書に反映する際の留意点を，また，⑥相続税申告時において頻繁に見受けられる事例として，遺言書によらない遺産分割を，さらには，⑦改正相続法を踏まえた遺言書作成をめぐる留意点について，相続税専門税理士が実践している事項及び連携弁護士の視点から整理したものである。

　特に，①遺言書の効力，②生前相続対策，③遺言書記載内容によって異なる遺産分割・相続税負担，④遺言書によらない遺産分割，⑤遺言書作成をめぐる留意点などは，確認し，対応したいところである。

　なお，巻末に，本書文中での《チェックリスト》及び《遺言書の文案》をダウンロードできる，二次元コードを掲載させていただいた。ぜひ，適用事例に応じ，加工の上，活用していただきたい。

　本書が，遺言書作成のムーブメントのきっかけの一つとなれば幸甚である。

令和6年10月

執筆者代表　河合　厚

目　次

第**4**章
相続税対策を遺言書に反映する際の留意点 ... *79*

凡　　例

1　本文中のかっこ内等の法令等の引用は次の例によった。

所得税法　→　所法

所得税基本通達　→　所基通

法人税法施行令　→　法令

相続税法　→　相法

相続税法基本通達　→　相基通

財産評価基本通達　→　評基通

租税特別措置法　→　措法

租税特別措置法施行令　→　措令

租税特別措置法通達　→　措通

中小企業における経営の承継の円滑化に関する法律

　　→　円滑化法

中小企業における経営の承継の円滑化に関する法律施行規則

　　→　円滑化法規則

一般社団法人及び一般財団法人に関する法律

　　→　一般社団法人及び一般財団法人法

2　また、かっこ内の引用条項等は次の例によった。

例　相続税法第21条の３第１項第２号　→　相法21の３①二

第 1 章

遺言書作成の重要性と税理士の役割

1 遺言書作成をめぐる最近の動向としては，「自筆証書遺言に関する法的整備」，「相続件数の増加」，「おひとりさまの増加」，「認知症の増加」，「争族問題の増加」などが挙げられる。

2 遺言の方式には，一般的に公正証書遺言と自筆証書遺言とがある。

3 生前相続対策（遺産分割対策・相続税納税資金対策・相続税節税対策）時には，クライアントの意向，家族の状況，財産の金額，財産構成などを確認した上で，「生前贈与」「生命保険の活用」「不動産の活用」とともに，「遺言書」を活用したい。

4 遺言書作成時には，生前相続対策としての視点だけではなく，遺言書の効力，遺言書による税額試算を考慮した助言を行う。

5 相続発生時における，遺言書の所在・作成の確認，検認・有効性の確認，内容確認，遺言書に基づく税額試算は，税理士としての重要な役割である。

Ⅰ は じ め に

遺言書作成をめぐる最近の動向としては，次のものを挙げることができる。

1 自筆証書遺言に関する法的整備

2019年1月以降，自筆証書遺言に相続目録を添付するときは，その目録は自書しなくてもパソコンで作成してもよいこととされた[1]。また，2020年7月以降，法務局で自筆証書遺言を保管する制度（自筆証書遺言書保管制度）が創設された[2]。これらによって，遺言書作成・保管の環境整備が整えられ，自筆証書遺言が使いやすくなった。

2 相続件数の増加

相続税を取り巻く状況として，今後20年以上にわたり出生者数の倍の毎年140万人から170万人近い相続が発生するといわれている[3]。

また，相続財産としての宅地の評価基準となる路線価の全国平均での3年連続上昇[4]や，マンション通達[5]の発遺に伴う区分所有マンションの評価額の増額[6]により，相続税申告における課税標準額の上昇が想定され，相続税申告件数の更なる増加も見込まれる。

3 おひとりさまの増加

65歳以上の単身高齢者数は，2050年には1千万人を超え，2020年時点の約1.5倍となり，かつ，男性ではその6割が，女性ではその3割が未婚の者であると推測されている[7]。すなわち，高齢化社会

において，今後，生涯独身で晩年も身寄りのない，天涯孤独な，いわゆる「おひとりさま」が増えていく。

4 認知症の増加

　生前贈与や遺言書の作成には意思能力が不可欠である。現在，高齢化の進展に伴い認知症の者も増加してきており，2018年時点では高齢者の約７人に１人は認知症を発症しているとの研究結果がある[8]。さらに，2060年においては，高齢者の約４人に１人又は約３人に１人が認知症の有病者となる将来推計が発表されている[9]。

5 争族問題の増加

　遺産分割の調停は増加傾向にあり，遺産分割調停の８割が遺産総額が５千万円以下など，比較的財産額が多くない者での争いが増えてきている[10]。

6 相続税専門税理士事務所の状況

　全国では相続発生件数８件のうち１件が，東京都では同４件のうち１件が，相続税の申告書を提出している状況にある。それだけ相続税は身近な税金であるものの，十分な相続対策がされた申告は少ない。

　相続税専門の税理士事務所においては，相続税の申告相談のうち遺言書が存する割合は，全体の１割程度である。また，その半数以上は生命保険の非課税制度を満額で活用されていないなど，遺言書があっても，相続税対策を踏まえた内容になっていないものが多々見受けられる。

　これらのことから，遺言書を作成する際，税理士などによる生前

相続対策及び遺言書作成の助言を受けた者は，極めて少ないのではないかと推察される。

7 遺言書作成の重要性と税理士の役割

上記**1**〜**6**の状況のもと，自分の財産を誰にどのように残したいか，自分の意思や想いを法的に確実に伝えるための手段である遺言書作成は，これまで以上にその関心及び重要性が高まってきている[11]。

生前相続対策としての遺言書作成及び遺言書が作成されている相続税の申告に対し，税理士による適切なアドバイスは，重要かつ必要であるといえよう。

なお，クライアントによっては，遺言書作成に抵抗感を示される方も多いと想定されることから，いわゆるエンディングノート[12]やライフノート[13]の作成から遺言書作成に導くのも有効と考える。

本書は，相続対策を踏まえた遺言書の作成をめぐる，主に税理士の関与について，①遺言書作成をめぐる最近の動向，②遺言書作成の重要性のほか，③エンディングノート等を用いた資産家の財産等の洗い出し，④相続税対策の立案とそのポイント，⑤相続税対策を遺言書に反映する際の留意点を，また，⑥相続税申告時において頻繁に見受けられる事例として，遺言書によらない遺産分割を，さらには，⑦改正相続法を踏まえた遺言書作成をめぐる留意点について，整理したものである。

II 遺言の方式

　遺言の方式には，普通方式としての公正証書遺言，自筆証書遺言及び秘密証書遺言がある[14]。

　ここでは，公正証書遺言及び自筆証書遺言について整理する。

■1 公正証書遺言

　公正証書遺言は，公証人により作成される公正証書によって遺言を行う方法である。公正証書遺言は，①無効な遺言書となることはほとんどない，②遺言書が紛失・改竄されるおそれもない，③公証役場でその存否を確認することができる，④検認の必要もないというメリットがあるものの，一定の費用を要するというデメリットがある[15]。

■2 自筆証書遺言

　自筆証書遺言は，相続財産の目録部分を除き，遺言者が，その全文（パソコン作成できる財産目録を除く。），日付及び氏名を自筆し，押印する方法である。自筆証書遺言は，①遺言者が単独で作成することができ，②費用もかからないというメリットがあるものの，形式を誤ることによる無効になるリスク，第三者による改竄，隠匿のリスク，相続開始時に発見されないリスクなどのデメリットがある。

(1) 自筆証書遺言の一部パソコン作成

　自筆証書遺言は，遺言者が，その全文，日付及び氏名を自筆し，押印する必要がある[16]。この場合，相続財産の全部又は一部の目録（以下「財産目録」といいます。）を添付するときは，その目録につ

いてはパソコンで作成することができる[17]。

　自筆証書遺言は，法務局において保管することが可能であり，①保管申請時に自筆証書遺言の形式に沿っているか否かを外形的に確認してもらうことができ，②相続発生時に指定した相続人に通知してもらうことができる（自筆証書遺言書保管制度[18]）。

　なお，自筆証書遺言は，本来，遺言書の保管者，遺言書の発見者は，相続開始後，家庭裁判所で検認を受けなければならないが[19]，自筆証書遺言書保管制度を利用すると検認は要さない。

Ⅲ　遺言書作成の重要性と税理士の役割

1 遺言書の効力の概要

　遺言では「相続の内容」を指定することができる。具体的には法定相続分以外の割合で遺産を分け与えたり，特定の遺産を特定の相続人や相続人以外の人へ受け継がせたりすることが可能となる。

　民法964条は「遺言者は，包括又は特定の名義で，その財産の全部又は一部を処分することができる。」旨，902条1項は「被相続人は，…遺言で，共同相続人の相続分を定め…ることができる。」旨，908条1項は「被相続人は，遺言で，遺産の分割の方法を定め…ることができる。」旨を規定しており，遺言によって指定された相続の内容は，遺産分割協議や法定相続分による相続より優先すると解されている。すなわち，遺言があると，特定の相続人の相続分が，法定相続分を超えることも，下回ることも有効となる。

　遺言によって「特定の相続人へすべての遺産を相続させる」と指

定されている場合，遺留分侵害額請求は可能であったとしても，その相続人には全ての遺産を相続する権利が認められる。

　また，遺言書を使うと，相続分の指定，遺産分割方法の指定，遺贈，寄付，遺産分割の禁止（ただし5年以内），認知，相続人の廃除，保険金受取人の変更，遺言執行者・遺言執行者を指定する人を指定することが可能である。

２ 主な遺言書の効力

(1)　相続分の指定

　相続人が複数いる場合，遺言書により，法定相続分によらず，配偶者，長男，長女など特定の相続人に多めに遺産を取得させることが可能となる。

(2)　遺産分割方法の指定

　遺産分割の方法としては，財産を個別に分ける「現物分割」，特定の財産を取得した相続人が他の相続人に代償金を分配する「代償分割[20]」，財産を売却したうえで，売却代金を相続人間で分配する「換価分割」，財産を複数の相続人によって共有する「共有分割[21]」があり，これらの遺産分割方法は遺言書で指定できる[22]。

(3)　遺贈（個人）

　内縁の妻，孫，友人，お世話になった人など，法定相続人又は法定相続人以外の者に対して，遺言書により遺産を取得させる（遺贈する）ことができる。

(4)　遺贈（法人）

　公益法人・慈善団体などに財産を寄付したい場合は，遺言書により財産を法人に寄付（遺贈）することができる。今後，生涯独身・天涯孤独で身寄りのないいわゆる「おひとりさま」による活用も見

込まれる。

　なお，土地，建物などの財産を法人に遺贈した場合には，遺贈時の時価（通常の取引価額）により譲渡があったものとみなされ，これらの財産の取得時から寄付時までの値上がり益に対して，被相続人の譲渡所得（みなし譲渡所得）として，所得税の準確定申告が必要となる[23]。この場合，公益法人等に遺贈・寄付し，一定の要件を満たすものとして国税庁長官の承認を受けたときは，所得税が非課税となる制度（国等に対して財産を寄附した場合の譲渡所得の非課税制度）がある[24]。この制度の対象となる「公益法人等」とは，公益社団法人，公益財団法人，特定一般法人及びその他の公益を目的とする事業を行う法人（例えば，社会福祉法人，学校法人，宗教法人や特定非営利活動法人など）である[25]。

(5)　子の認知

　内縁の妻の子など，生前に認知するとトラブルが予想されるケースでは，遺言により子を認知することが可能である。

　この場合，遺言執行者を指定する必要がある[26]。

❸ 生前相続対策時における遺言書作成の重要性と税理士の役割

　生前相続対策には，相続人や受遺者（以下「相続人等」という。）が争うことなく財産を分割できるように準備する「遺産分割対策」，相続人等の納税資金の確保を準備する「納税資金対策」，相続税の負担軽減を図る「相続税節税対策」の3つがある。

　これら3つの対策を進めるためには，①暦年贈与，相続時精算課税贈与及び贈与税の各種特例を活用した「生前贈与」，②法定相続人×500万円の相続税非課税措置及び特定の相続人への財産移転を可能とする「生命保険の活用」，③特に相続税節税対策に効果的な

「不動産の活用」，④被相続人の最後の意思表示といわれる「遺言書」が効果的である。

遺言書は，上記 **2** で一部示した相続分の指定，遺産分割方法の指定，遺贈，寄付，遺産分割の禁止（ただし5年以内），認知，相続人の廃除，保険金受取人の変更などがその効力としてあることから，最後の生前相続対策として有効かつ重要といえる。

税理士としては，これら遺言書の効力を活用して生前相続対策に係るタックスプランニングを完成させたいところである。

そのためには，クライアントの財産に対する意向（消費・投資・生前贈与・相続・遺贈），家族の状況，財産の金額（遺産分割としての時価（通常の取引価額），相続税申告に必要な相続税評価額[27]），財産構成などを確認した上で，「生前贈与」「生命保険の活用」「不動産の活用」を企画・提案し進めていくほか，時機を見た「遺言書」の作成提案を行っていきたい。

ただし，遺言書作成の提案・助言は，クライアントが高齢者であったとしても，抵抗感を示されることが多い。この場合，クライアント自身のこれからの人生をより充実したものとするためのライフノートの作成や，資産状況の把握，もしものための対策としてのエンディングノートの作成を促し，遺言書の作成へ導く方策もあるものと考えられる。

なお，遺言書の作成は本人の意思能力が必要となることから，認知症の傾向が見受けられた場合には「認知症対策」を考慮し，意思能力が認められる間に早期の遺言書作成が必須となる。

また，遺言書は何度も書き直すことが可能であることから，一定期間ごとの財産状況，作成者の意向を確認し，適時の見直し・再作成を行いたい。

さらに，税理士として遺言書作成に関しては，生前相続対策としての視点だけではなく，次の **4**(3)「遺言書の内容確認」及び(4)「税額試算」を考慮した助言を行いたい。

4 相続発生時における遺言書に関する税理士の役割[28]

　相続が発生し，その被相続人に係る相続税申告書の作成を検討する際，遺言書の有無及びその内容は相続財産の帰属のみならず相続税額に大きな影響を及ぼすことになる。

　よって，相続発生時に，遺言書の所在・作成の確認，検認・有効性の確認，内容確認，遺言書に基づく税額試算は，税理士としての重要な役割となる（図表参照）。

図表　相続発生時における遺言書に関する税理士の役割

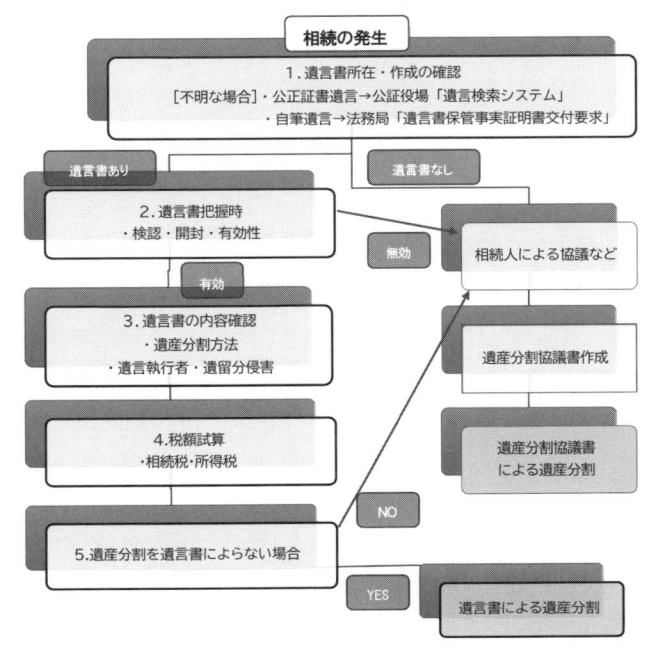

(1) **遺言書所在・作成の確認**

　相続が発生した際の遺言書の所在確認は，①公正証書遺言については全国の公証役場の「遺言検索システム」により，作成した公証役場名，遺言者名，作成年月日などを確認することができ，また，②自筆証書遺言で被相続人が法務局に自筆証書遺言を預けていた場合には全国の法務局で「遺言書保管事実証明書の交付請求」を行うことにより，その保管の有無を確認することができる。

(2) **遺言書の検認・有効性の確認**

　相続人などで自筆証書遺言を保管していた場合や，相続開始後，被相続人の自宅などで自筆証書遺言が把握された場合には，家庭裁判所での検認[29]が必要となる。公正証書遺言や法務局に保管されている自筆証書遺言は，検認の必要がない。

　なお，自筆証書遺言は，原則として，遺言者がその全文，日付及び氏名を自書し，これに押印しなければならないとされている[30]ことから，①全てパソコンで作成，②録音・録画，③押印がない，④作成日付が記載されていない，⑤署名がない，⑥相続する財産の内容が確定できないなどの遺言書は無効とされる。なお，⑦訂正・加筆方法が間違っている場合には，訂正・加筆部分が無効となる（元の文言が読み取れる限り，元の文言が有効となる。）。遺言書が無効となった場合には，遺産分割協議などにより遺産分割を行うこととなる。

(3) **遺言書の内容確認**

　遺言書を確認できた場合，税理士としては，遺言書の記載事項の中で，特に，①相続分，②遺産分割方法，③相続人以外への財産の遺贈，④寄付，⑤遺言執行者に注意しておきたい。また，遺留分侵害についても確認しておきたい。

① 相続分，遺留分侵害

　遺言書では相続分を指定することができる。この場合，配偶者や子などの法定相続人の中から「遺言書による財産分与が不公平であり，かつ遺留分を侵害している。」との主張があった場合には，遺留分侵害額請求が可能となる[31]。

　なお，遺留分の基礎となる財産の価額は，「相続開始時の被相続人の財産の価額」に相続開始前10年以内（相続人以外への生前贈与の場合は1年以内）の「贈与財産の価額」を加え「債務の全額」を控除した金額となる[32]。

　この「相続開始時の被相続人の財産の価額」は，通達評価額でなく，時価（通常の取引価額）となる。

② 遺産分割方法

　相続税申告時において，遺言書で，「現物分割」,「代償分割」,「換価分割」又は「共有分割」の分割方法が指定されている場合，次の事項について留意したい。

　「現物分割」……受遺者ごとに財産を特定させる方法である。遺言書では広く使われている。なお，不動産などが含まれた「現物分割」では，財産を平等に分けることは困難であり，相続人の意向に沿わないおそれがある。また，遺言書での現物分割では小規模宅地等の特例の適用につき，要件を満たさないおそれ，より有利な選択ができないおそれが生じることもある[33]。

　「代償分割」……事業承継のほか，特定の者に不動産などの特定の財産を相続させ，その者が他の相続人に代償金を支払う分割方法である。相続人間の公平を図りたい場合に有効であり，また，下記のとおり，相続税の節税対策となる場合もある。

　なお，相続財産を代償分割により分割している場合には，その代

償金の額は通達評価額に置き直し，相続税額を算出することができる。

　具体的には，代償分割の対象となった財産が特定され，かつ，当該財産の代償分割の時における時価（通常の取引価額）を基として決定されているときは，次の算式により算出した価額が代償財産（代償債務）の評価額となる[34]。

　このことから，配偶者税額軽減や小規模宅地の特例の適用と組み合わせることで，他の分割方法より相続税額を軽減することが可能となるケースもある。

［算式］

$$代償債務の額 \times \frac{代償分割の対象となった財産の価額（通常の取引価額）}{代償分割の対象となった財産の価額（通達評価額）}$$
＝代償財産の価額

「換価分割」……換価分割の対象とする財産（不動産など）を譲渡し，その代金で分割する方法である。その換価代金を受け取る者（受遺者）が，これら譲渡に係る譲渡所得について，所得税の申告が必要となる。

　この場合，各人の譲渡所得に係る収入金額等は，受遺者の換価代金の取得割合による金額となる。

「共有分割」……一定の割合でもって財産を共有により分割する方法である。相続人に平等に分配することが可能な分割方法である。ただし，財産活用や処分する際に共有者の同意が必要となるなど，できるだけ避けたい分割方法でもある。

③　遺言執行者

　遺言書によっては，遺言者の意思の表現を遺言執行者に委ねて実現させるため，遺言執行者を指定しているものがある。

遺言執行者は，相続財産の管理その他遺言の執行に必要な一切の権利をする権限を有している[35]。

また，遺言執行者がある場合には，相続人は，相続財産の処分その他遺言の執行を妨げるべき行為をすることができない[36]ので，遺言書によらない遺産分割において支障となることがある[37]。

(4) 税 額 試 算

遺言書に基づき遺産分割，相続税申告を行うこととした場合，①相続人の意向に沿った財産分割ができない，②相続税負担額が比較的高額となってしまう，③二次相続が考慮されていないなどの問題が生じることがある。このような場合，相続人全員の合意があれば，遺言書によらず，別途，遺産分割協議による検討を行うべきである[38]。

Ⅳ ま と め

遺言書の作成をめぐる最近の動向から，今後，遺言の重要性は増し，その活用を図りたいと考えるクライアントは多くなるものと想定される。また，日頃の財産状況などをチェックしている税理士からも，生前相続対策の観点からクライアントに遺言書作成を勧める場面や遺言書を伴う相続税申告に対応する場面も増えていくであろう。

税理士として，相続税対策を踏まえた遺言書の作成をめぐるクライアントなどへのアドバイスを行うに当たっては，これらの状況を踏まえ，①遺言書の効力，②生前相続対策，③遺言書記載内容によって異なる遺産分割・相続税負担，④遺言書によらない遺産分割，

⑤遺言書作成をめぐる留意点などを確認し，対応することが求められる。

　なお，有効な遺言書が作成されていても，相続人の意向に沿わず，遺産分割協議により財産分割，相続税申告となるケースが多い。

　被相続人にとっては，最後の意思表示である遺言書であるからこそ，税理士の視点から，被相続人の意思が相続人や受遺者に尊重される遺言書となるよう，その作成に際しアドバイスできれば，より望ましいところである。

---

❶ 後述Ⅱ**2**(1)参照
❷ 後述Ⅱ**2**(2)参照
❸ 2023年（令和5年）の死亡者数は156万人（厚生労働省人口動態統計），2040年に167万人でピーク（国立社会保障・人口問題研究所予測）
❹ 2024年7月1日NHKニュース「『路線価』全国平均3年連続上昇 インバウンド需要好調など要因」
❺ マンション通達とは，令和5年9月28日付課評 2-74他1課共同「居住用の区分所有財産の評価について（法令解釈通達）」のことをいう。
❻ マンション通達の適用により，区分所有マンションの評価額は，財産評価基本通達による評価額に比し，約1.4倍となる（平均値，筆者事務所調べ）。
❼ 『日本の世帯数の将来推計』（国立社会保障・人口問題研究所予測）
❽ 日本医療研究開発機構認知症研究開発事業「健康長寿社会の実現を目指した大規模認知症コホート研究」結果
❾ 令和元年6月20日「認知症施策の総合的な推進について（参考資料）」厚生労働省老健局，同資料では，2025年の認知症の有病者数は約700万人と推計されている。
❿ 調停件数2000年10,910件，2020年 14,617件で1.3倍となっている（最高裁判所『司法統計年報 家事事件編』）。
⓫ 遺言を必要と思う人は42.9%，実際の遺言作成者は6.6%（40歳以上の男女『日本人の相続観と相続リテラシー』三菱 UFJ銀行2024）
⓬ 記載者本人が亡くなったときや意思能力を失ったときなど，いわば終活などのため，家族に向けて必要な情報を書き残すための記録
⓭ 「これから」の人生をさらに充実されるため，自分の情報を整理し，自分自身を見つめ直す記録。エンディングノートの役割を兼ねる。
⓮ 民法967
⓯ 第4章「相続税対策を遺言書に反映する際の留意点」Ⅳ**4**(2)参照。
⓰ 民法968①
⓱ 民法968②，法務省HP参照（https://www. moj.go.jp/MINJI/ minji07_00240.html）
⓲ 法務局における遺言書の保管等に関する法律，法務 省HP参照（https:// www.moj.

go.jp/ MINJI/minji03_ 00051.html)

⑲ 民法1004①

⑳ 家事事件手続法195条には，「家庭裁判所は，遺産の分割の審判をする場合において，特別の事情があると認めるときは，遺産の分割の方法として，共同相続人の１人又は数人に他の共同相続人に対する債務を負担させて，現物の分割に代えることができる。」と規定されている。

㉑ 民法第２編第３章第３節（共有）

㉒ 遺産分割方法については，後述 **4**(3)②参照

㉓ 所法59①一

㉔ 措法40①

㉕ 相続人及び受遺者が相続や遺贈により取得した財産を，公益法人などに贈与した場合には，当該贈与した財産の価額は，相続税の課税価格の計算の基礎に算入しない制度（国等に対して相続財産を贈与した場合等の非課税制度）が別途ある（措法70）。ただし，宗教法人は，この制度の「公益法人など」には含まれていない。

㉖ 第４章「相続税対策を遺言書に反映する際の留意点」Ⅳ **4**(1)参照。

㉗ 財産評価基本通達による評価額（以下「通達評価額」という。）

㉘ 本項目については，月刊税理2022年５月号「特集：時系列で見る相続税申告を見据えた遺言の作成・見直し・執行」の「４相続開始による遺言の執行のポイントと留意点／税理士 河合厚」で詳細に説明している。

㉙ 「検認」とは，相続人に対し遺言の存在及びその内容を知らせるとともに，遺言書の形状，加除訂正の状態，日付，署名など検認の日現在における遺言書の内容を明確にして，遺言書の偽造・変造を防止するための手続である。遺言の有効・無効を判断する手続ではない（最高裁判所HP）。

㉚ 財産目録についてはパソコン作成が可能である（前述Ⅱ **2**(1)参照）。なお，遺言は，全文，日付及び氏名の自書と押印のすべてが行われたときに成立する（最判 昭52.4.19最判 集民 120号531頁）。ただし，遺言の作成日付以降に押印がなされた自筆証書遺言についても無効となるものではないとされた事例 も あ る（ 最 判 令 3.1.18最判集民265号11頁）。

㉛ 民法1046。なお，遺留分割合は，①直系尊属のみが相続人である場合「相続財産の３分の１」，②相続人が直系尊属のみ以外の場合（例えば，配偶者や子，孫が相続人となるような場合）「相続財産の２分の１」となる。※兄弟姉妹には遺留分はない（民法1042）。

㉜ 民法1043①，1044。なお，遺留分の基礎となる財産の価額には，①相続開始前「１年以内」の相続人以外への生前贈与及び②相続開始前「10年以内」の相続人への特別受益にあたる生前贈与も含まれる（民法 1044）。この場合，相続時精算課税贈与についても，上記②により判断することとなる。

㉝ 小規模宅地等の特例制度は，被相続人や生計を一にする親族の居住・賃貸状況，同居状況，誰が相続財産を引き継ぐか，申告時までの居住・所有状況などの適用要件により，対象宅地の評価額を５割又は８割軽減でき，相続税額が大きく異なってくる（措法69の4）。

㉞ 相続税法基本通達11の 2-10(2)

㉟ 民法1012①

㊱ 民法1013，なお，遺言執行者が指定されている場合の遺産分割については，「遺言書によらない遺産分割」参照

㊲ 第６章「遺言書によらない遺産分割」Ⅱ **4**(3)参照

㊳ 第６章「遺言書によらない遺産分割」参照

第 2 章

エンディングノート等を用いた
資産家の財産等の洗い出し

1 オーナー社長の財産等の洗い出しに当たっては，エンディングノート等をもとに「経営承継」及び「財産承継」という2つの観点でヒアリングを行い，社長個人の財産の把握のほか必要に応じて個人と法人の契約状況の把握も行う。

2 不動産複数所有者については，各不動産の収支計画表をもとに，今後の運用方針や承継方法の検討を行う。

3 金融資産所有者については，相続時に財産の漏れが生じないよう，デジタル資産や生命保険の契約内容も確認する。

4 相続時に名義財産が把握され，予期せぬ税負担が生じないよう，名義財産を把握した場合は，その解消に努める。

I エンディングノート等の役割

　「エンディングノート[1]」とは，自身が亡くなったときや病気等で意思疎通を行うことが困難になったときに備えて，自身の財産状況や家族への想いを記すことにより，遺された家族が様々な判断や手続等を円滑に行うための指針とするものである。

　同様なものとして，情報を整理し，「これから」の人生をさらに充実したものとするための「ライフノート」と呼ばれるものもある[2]。

　相続税対策に関与する税理士の立場としては，クライアントが作成したエンディングノート又はライフノート（以下「エンディングノート等」という。）を確認することにより，クライアント自身のこれまでの人生を概観するとともにクライアントが財産を次代にどのように遺していきたいかを考え実行する一助とすることができる。

　本章では，「①オーナー社長，②不動産複数所有者，③金融資産所有者」の3つのタイプ別に，相続税専門の税理士として普段行っているエンディングノート等を用いた資産家の財産等の洗い出しについて整理し解説している。本章を踏まえ，第3章「エンディングノート等を踏まえた相続税対策の立案とそのポイント」により，クライアントの状況に応じた相続税対策を企画・実行していただければ幸いである。

II オーナー社長

　オーナー社長の相続税対策としては，経営している企業の「経営

承継」及び「財産承継」の2つの観点で整理する。まず社長自身の会社経営への想いを確認し，その想いを実行するための「経営承継」及び「財産承継」の具体的方法を検討するという流れで進めると良い。

　なお，オーナー社長の経営企業に関しては，事業承継に特化したエンディングノートも市販されている[3]ので，クライアントに紹介するなどして対策を進めると良い。

■1 承継方法等の意向の確認

　オーナー社長が作成したエンディングノート等を参考に，①事業承継の時期，②引退後の会社の存続及び③引退後の過ごし方などの意向を確認する（図表2－1）とともに，中小企業庁が示している「経営者のための事業承継マニュアル」に基づき，基本方針，現経営者及び後継者の年齢的推移に応じてやるべきこと，持株比率の移動見込みを可能な限り具体化し，クライアントとの認識を共有する（図表2－2）。

図表 2 − 1 エンディングノートの記載例−自身の会社引退等について−

自分の引退について

❶ 何歳まで経営者（この仕事）を続けようと思いますか？

70 歳　　10 年後

・そう思った理由などを書いてみましょう

人生100年時代と言われているし、私はまだ体力・気力とも
衰えを感じていなので、あと10年ぐらいは頑張りたい。

❷ 引退後も会社を存続させたいですか？

☑ 存続させたい　　☐ 後継者がいるなら考えたい　　☐ 廃業したい

☐ 会社を買ってほしい（M&A）　☑ その他

・その理由も書いてみましょう

引退の時期まで、まだ時間的に
余裕があるので、親族内承継も
含めて、70歳までには後継者を
決めたい。もし決まらない場合は、誰かに高く売る事も
考えたい。

❸ 引退後は、どう過ごしたいですか？

☐ 仕事は完全にやめて老後を楽しみたい

☑ 会長職などにつき、引続き仕事にかかわりたい

☐ その他

70歳になったら退職して、一区切りつけたい。その後は、
非常勤の役員として、会社経営に関わりたい。

（出典）『税理士がアドバイスする!!　事業引継に困らないバトンタッチノート』（❶参照）
　　　6〜7頁に筆者加筆

図表 2－2　エンディングノートの記載例 －事業承継計画－

事業承継計画　　（記入例）

社名　**中小株式会社**　　　　後継者　（親族内）・親族外

基本方針
①中小太郎から、長男一郎への親族内承継。
②5年目に社長交代。（代表権を一部に譲り、太郎は会長へ就任し、10年目には完全に引退）
③10年間のアドバイザーを弁護士と税理士に依頼

項目		現在	1年目	2年目	3年目	4年目	5年目	6年目	7年目	8年目	9年目	10年目
事業計画	売上高	8億円					9億円					12億円
	経常利益	3千万円					3千5百万円					5千万円
会社	定款・株式・その他		相続人に対する売渡請求の導入						親族保有株式を配当優先無議決権株式化			
現経営者	年齢	60歳	61歳	62歳	63歳	64歳	65歳	66歳	67歳	68歳	69歳	70歳
	役職	社長	→				会長			相談役	→	引退
	関係者の理解	家族会議	社内へ計画発表	取引先・金融機関に紹介			役員の刷新					
	後継者教育	後継者とコミュニケーションをとり、経営理念、ノウハウ、ネットワーク等の自社の強みを承継 →										
	株式・財産の分配						公正証書遺言の作成					
	持株（%）	70%	65%	60%	55%	50%	0%	0%	0%	0%	0%	0%
		毎年贈与（暦年課税制度） →					事業承継税制					
後継者	年齢	33歳	34歳	35歳	36歳	37歳	38歳	39歳	40歳	41歳	42歳	43歳
	役職		取締役		→専務		→ 社長					
後継者教育	社内	工場	営業部門		本社管理部門							
		経営者とコミュニケーションをとり、経営理念、ノウハウ、ネットワーク等の自社の強みを承継 →										
	社外	外部の研修受講	経営革新塾 →									
	持株（%）	0%	5%	10%	15%	20%	70%	70%	70%	70%	70%	70%
		毎年贈与（暦年課税制度） →					事業承継税制		納税猶予			
補足		・5年目の贈与時に事業承継税制の活用を検討。 ・遺留分に配慮して遺言を作成（配偶者へは自宅不動産と現預金、次男・長女へは現預金を配分）。 ・一部以外の株主（次男・長女）の保有株式を配当優先株式化することで均衡を図る。										

【注意】計画の実行にあたっては専門家と十分に協議した上で行ってください。

（中小企業庁　経営者のための事業承継マニュアル抜粋）

（出典）『税理士がアドバイスする!!　事業引継に困らないバトンタッチノート』（🔴参照）
　　45頁に筆者加筆

経営承継の方法として，①親族内承継，②親族外承継，③第三者へ売却（M＆A）の主に３つが考えられる。

オーナー社長としては，子や孫を後継者とする親族内承継を望むケースが多いと思われるが，後継者不足の昨今では，従業員等を後継者とする親族外承継や，第三者へ売却（M＆A）を選択するケースが増えている。

また，３つの承継方法とも実行できず，最終的に廃業（解散）を選択するケースも少なからずある。

『2024年版中小企業白書・小規模企業白書（中小企業庁）』によると，半数近くの中小企業において後継者が不在であり，また，後継者が決定している企業においても，相続税や贈与税の問題，後継者による株式・事業用資産の買取りといった課題を抱えている企業が多数存在するとされている。

オーナー社長の財産の洗い出しにおいては，上記①ないし③のいずれの場合についても，自社株式の現状把握，個人・法人間の債権債務の把握及び個人の不動産と会社との契約形態の確認がポイントであるので，この点に絞って解説することとする。

② 自社株式の現状把握

(1) 自社株式の現状把握の重要性

経営企業にオーナー社長関係者以外の株主がいる場合，事業承継における必要資金・相続税対策に及ぼす影響は大きいことから，自社株式の現状把握は急務であり，いわゆる名義株[4]があるか否かについても確認を要する。

経営企業の株主別の株式所有状況については，原則として株主名簿又は社員名簿（以下「株主名簿等」という。）に記載されている

株主等によって確認する。この場合，株主名簿等に記載されている株主等が単なる名義人であって，その名義人以外の者が実際の権利者である場合には，その実際の権利者を株主等として判定する（法基通1-3の2-1）こととなる。

　平成2年の商法改正前は，株式会社を設立するには7人以上の発起人が必要と定め，親族，友人，取引先などの名義を借りて設立することも行われていたことから，名義株が生じる要因の一つになっている。また，創業当初は名義株が存していなかった場合においても，オーナー社長と親族間との贈与契約は交さず贈与が成立していないにも関わらず，名義変更をしているなど，後発的に名義株が生じることもある。

　オーナー社長がエンディングノート等に記述した株数（図表2－3参照）と，株主名簿等の株数が異なる，あるいは，オーナー社長

図表2－3　エンディングノートの記載例－株主名簿－

株主名簿						
氏　名	役職又は株主との関係	株数	比率	株式の種類	金額	予測※
中小　太郎	本人	700 株	70%	普通	7,000,000 円	0 株
中小　花子	妻	300 株	30%	普通	3,000,000 円	0 株
中小　一郎	長男	0 株	0%		円	1,000 株
		株			円	株
		株			円	株
		株			円	株
		株			円	株
		株			円	株

※予測のところには将来誰に何株を持ってほしいかを記入しましょう。

（出典）『税理士がアドバイスする!!　事業引継に困らないバトンタッチノート』（❶参照）
　　39頁筆者加筆

以外の者の名前が掲載されているなどの場合は，株式の名義人が実質的な株主であるか否かの確認を要する。オーナー社長が親族に贈与したものとして親族に所有権が移転しているか，上記商法改正前の会社設立において名義を借りたものなのか，株式の名義人に接触を図るなどして，名義人となった経緯等についての事実関係の確認を行った上，対応策を検討する。

(2) **税務調査における名義株の判断基準**

相続税申告に対する税務調査において，帰属が不明確な株式が把握された場合，名義株と判断され，相続財産に加算されるリスクがある。

［審査請求事例］

相続人が相続人名義の株式を相続財産に含めず申告したところ，税務調査において相続人名義の株式は被相続人に帰属する財産であるとして更正等を行ったことから，相続人がその処分の取消しを求めた事案において，審判所は次のように判断し，相続人の請求は棄却された（平成11年 3 月29日公表裁決　裁決事例集No.57）。

① 株式の取得資金のすべてを被相続人が負担していること

② 株式申込証に押印されている印影は，毎回同じで，その印影に係る印章は，被相続人が普段所持し使用していたものであること

③ 株式の配当金は，被相続人が受け取っていたことが認められること

（3） 名義株を把握した場合の対応策

① 実質的な株主へ株主名簿の書き換えを行う

　名義人及び実質的な株主の双方合意のもと，会社に対して株主名簿の書き換えを依頼する。この場合，法人税申告書別表2の記載も併せて変更することに留意する。株券発行会社の場合は，株券自体を実質的な株主へ引き渡すことも必要である。

② 名義人及び実質的な株主との間で確認書を作成する

　株主名簿の書き換えを行った場合，株式の贈与があったと判断され，贈与税が課税されるリスクがある。そのため，株式の名義人の協力を得て，「その株式は名義株式であり，実質的な株主へ名義を変更する」旨の確認書を作成し，贈与税の課税に備える。また，株式の名義は変えずに「その株式の名義人となっているが，実質的な所有者は，オーナー社長○○であることを確認する」旨の確認書を作成することにより，実質的に名義株の解消を行うことも考慮する。

③ オーナー社長に贈与する意思が認められる場合

　そもそもオーナー社長には株式を贈与する意思があったにもかかわらず，名義人がそのことを知らなかった場合，改めて，贈与契約書を取り交わすなどして贈与の事実を明らかにする[5]。この場合，その事実が生じた日をもって贈与が成立したものとして，その年分の贈与税の申告等も検討する。

3 個人法人間の債権債務等の把握

　オーナー社長が所有している資産・負債のうち，経営企業に関連するものがあるか否かの確認を行う。

　相続開始後，経営企業への貸付金が把握された場合，オーナー社長の相続財産を構成することとなり，思わぬ税負担を強いられるこ

とがある。一方で経営企業からの借入金が把握された場合，オーナー社長の債務を構成することとなり，税負担としては軽減されるが会社の株式の評価が上がるなどの影響が出る。

　エンディングノート等に記載されている貸付金や借入金が会社の決算書に計上されていない場合，経営企業とオーナー社長の認識が一致していないと考えられ，簿外の貸付金や借入金がある可能性がある。このような場合，その貸付金や借入金の基になる契約書を確認するとともに，元本の入出金状況，返済状況等についても確認する。

　なお，これらの貸付金及び借入金の相続税対策については，第3章「エンディングノート等を踏まえた相続税対策の立案とそのポイント」Ⅱ**4**を参照。

図表2－4　エンディングノートの記載例－貸付金・借入金－

貸しているお金

貸した相手の名前	○○株式会社		連絡先	
貸した日	令和2年　4月　1日		貸した金額	30,000,000　円
証書の有無	無　・　有（保管場所　自宅の金庫　　　　　）			
返済について	残額　　18,000,000　　円		（令和6年4月1日現在）	
備考（担保など）				

借入金・ローンについて

借入先	株式会社△△	連絡先	
借入日	令和3年　10月　1日	借入額	10,000,000円
返済方法	毎月・元利均等返済	担保の有無	無　有（　　　　　）
借入残高	7,600,000円（令和6年4月1日現在）	借入目的	自宅のリフォーム代

(出典)『相続手続で困らないエンディングノート』(❷参照) 31～32頁

4 **個人法人間の不動産の貸借（賃貸借・使用貸借）について**

　オーナー社長と経営企業との間で不動産の貸借がある場合，税務上借地権を認識すべきか否か問題になることがある。とりわけ，土地はオーナー社長が所有し，建物は経営企業が所有しているというケースが多い。地代の支払状況などによって，オーナー社長所有の土地の相続税評価額，非上場株式の評価額及び法人決算などに影響を及ぼすことから，早期の確認・対応が望ましい。

　まずは，エンディングノート等により不動産の所有状況を確認する。

　経営企業に不動産を貸借している事実を把握した場合には，オーナー社長と経営企業との間で賃貸借契約書を交わしているか否かの確認を行う。

　賃貸借契約書を作成していない場合を含め，次の点について確認を行う。

① 　賃貸借契約締結時に，権利金の支払が行われているか。

② 　いわゆる相当の地代（更地価額のおおむね年６％程度）の支払が行われているか。

③ 　所轄税務署に「土地の無償返還の届出書」が提出されているか。

④ 　地代の金額はいわゆる「通常の地代（更地価額×（1-借地権割合）×６％)」，「相当の地代」と比較してどの程度の金額か。

図表2－5　エンディングノートの記載例－オーナー社長の不動産の利用状況－

種類	☑土地　□建物　□マンション・アパート　□借地　□その他（　　　　　）			
どんな不動産	□自宅　□別荘　□貸家　☑その他（○○株式会社の本社）			
名義人(共有者含む)	中小　太郎		持ち分	1
所在地				
登記簿記載内容	抵当権　☑設定なし　[　　　　　　　　　　　]　　□設定あり			
	面積　　　300 ㎡　　　　　坪　備考			
取得の方法	□購入（時期　　　年　　　月　　　日　　　購入価格　　　　　円）　☑相続　□その他（　　　　　　　　　　　）			

（出典）『相続手続で困らないエンディングノート』（❶参照）27頁

Ⅲ　不動産複数所有者

１　不動産の現状把握

　資産家は所有する不動産一つひとつに想い入れがあることが多い。先祖代々の不動産を承継してきたのか，それとも一代で不動産等の財産を築き上げたのか，現状に至る経緯をまず確認する。先祖代々引き継いできたのであれば，所有不動産への想い入れが非常に強く，次代以降の親族にも引き継ぎたいという意向を強く持っている傾向がある。

　一方，一代で築き上げたのであれば，所有不動産への想い入れはそこまで強くなく，売却，賃貸借など，積極的な不動産活用を進める傾向がある。このように，各不動産を取得した経緯を丁寧にヒアリングすることによって，居宅として次代に残すべき不動産，収益物件として残す不動産，納税資金や代償金対策として売却を視野に

入れた不動産に区分し，資産家と税理士が意識の共有を図ることがポイントとなる。不動産を活用した相続税節税対策などの生前対策にも重要な影響を及ぼすため，不動産の取得経緯や将来的な親族承継等の意向について，しっかりと確認する。

なお，各不動産の現状把握に当たっては，その後の税務調査や納税資金に充てるための売却（「**4**納税資金の確保について」参照）に備え，その不動産の取得時の売買契約書，賃貸借契約書，その他税務署に提出している各種書類（土地の無償返還に関する届出書，相当の地代の改定方法に関する届出書，交換・買換特例に関する書類等）の有無も必ず確認する。

なお，売却した不動産について，取得時の売買契約書の保存がない場合には，売却価額の5％を取得費とする取扱いもあるが，取得時のパンフレット，記憶等から判明する範囲内でエンディングノートに補完して記載するなどの措置を講ずることによって取得価額の参考とすることも考えられる。

2 各不動産の収支状況についての把握

賃貸不動産を複数所有している場合，各不動産の収支状況について，現時点のみならず中長期的に各時点での収支状況を確認・検討し，各不動産の運用方針を整理する。収支状況を可視化することにより，主に次の点を確認する。

---

① 継続所有することにより，相続税の納税資金の確保が可能か。
② 老朽化が進んでいる場合，大規模修繕を行うことにより中長期的に運用が見込めるか。

図表2－6　エンディングノートの記載例－資産家の不動産の利用状況－

不動産について

所有する不動産について記入しましょう。
土地と建物を別々に記入してください。
借地権（人から土地を借りている権利）
も財産です。重要書類（権利証・売買契
約書など）の保管場所もメモに記入して
おくと便利です。

相続税の計算を
したい人は固定資産税の納税
通知書の評価額を記入して
おきましょう。

種類	☑土地　☑建物　□マンション・アパート　□借地　□その他（　　　　　）				
どんな不動産	☑自宅　□別荘　□貸家　□その他				
名義人(共有者含む)	中小　太郎	中小　花子		持ち分	1/2
所在地					
登記簿記載内容	抵当権　□設定なし　☑設定あり　〔○○銀行　　　　　〕				
	面積　　　200 ㎡　　　　　坪		備考	団体信用生命保険付き	
取得の方法	☑購入（時期　平成6年　10月　1日　　購入価格　　50,000,000　円） □相続　□その他（　　　　　　　　　　　　　　　　　　　）				

今の固定資産税評価額	約　　　　　　　　　　　　　　　　円

種類	☑土地　☑建物　□マンション・アパート　□借地　□その他（　　　　　）				
どんな不動産	□自宅　□別荘　☑貸家　□その他（　　　　　）				
名義人(共有者含む)	中小　太郎			持ち分	1
所在地					
登記簿記載内容	抵当権　□設定なし　☑設定あり　〔＊＊銀行　根抵当権　　〕				
	面積　　　150 ㎡　　　　　坪		備考		
取得の方法	□購入（時期　　年　　月　　日　　購入価格　　　　　　円） ☑相続　□その他（　　　　　　　　　　　　　　　　　　　）				

今の固定資産税評価額	約　　　　　　　　　　　　　　　　円

（出典）『相続手続で困らないエンディングノート』（●参照）27頁

場合によっては，建て替える必要があるか。

③　入居率が低い，立地が悪い等の影響により，収支状況の改善が見込めない場合，相続すべきか，売却すべきか。

　なお，相続人の立場としては，収益性の高い不動産を相続したいという心理が働くため，共同相続人間に不公平感が生じないよう，それぞれの不動産の承継者を検討したい。

　具体的には，各不動産で下記のような表を作成して比較検討すると良い。

図表 2 − 7　各不動産の収支計画表

◆基本情報

物件名：＿＿＿＿＿＿＿＿＿＿＿＿＿＿＿＿＿＿＿＿

所在地：＿＿＿＿＿＿＿＿＿＿＿＿＿＿＿＿＿＿＿＿

建築年月日：＿＿＿＿＿＿＿＿＿＿＿＿＿＿＿＿＿＿

◆収支計画表

		1 年目	5 年目	10 年目	15 年目	20 年目	累計
収入	賃貸料						
	（入居率）						
費用	租税公課						
	損害保険料						
	修繕費						
	減価償却費						
	借入金利子						
	地代家賃						
	その他の経費						
所得金額							
キャッシュフロー	減価償却費						
	借入金元金						
税金							
キャッシュフロー計							

（筆者作）

❸ 共有者の存在する不動産について

　共有者が存在する不動産がある場合，例えば，納税資金の確保の

ために不動産を売却したいときや，老朽化不動産に対する増改築や建替えを行いたいときに，共有者の同意を得られず目的を達成できないといった事態になりかねないなど，一般的にはデメリットの方が多いといわれている。

また，共有者のうちの一人が高齢で認知症等を発症した場合，成年後見人を選任する必要性が生じるが，成年後見人は対象者の財産の保護がその役割の一つであることから，基本的に財産の管理・処分行為を実行することが難しくなる。

そのため，共有者の有無やその共有者間の関係性等について，確認しておきたい。なお，共有不動産に関する各種行為及び必要な持分については，民法251条及び252条において，次のとおり定められている。

図表 2 − 8　共有不動産に関する各種の行為及び必要持分

	具体的な行為例	実行に必要な持分
保存行為	不動産の修繕，不法占拠者への明渡請求等	単独
管理行為	不動産の賃貸借契約の締結・解除等	持分の過半数
変更行為 （軽微なもの）	外壁や屋根の修繕，アスファルト舗装等	持分の過半数
変更行為 （軽微でないもの）	不動産の売却・増改築，抵当権の設定等	全員

４ 納税資金の確保について

不動産複数所有者に相続が発生した場合，相続財産の大半が不動産であり納税資金が不足してしまうことが多々ある。

そのため，推定被相続人の不動産以外の財産（主に預貯金等の金融資産）で納税資金を確保できるか，もしくは，不動産を売却することで納税資金を確保せざるを得ないか，また，物納の要件を満た

す不動産があるか否か確認を行う。また，推定相続人の固有財産で納税資金を確保できるか否かも，あわせて確認する。

Ⅳ 金融資産所有者

　金融資産所有者の財産把握に当たっては，エンディングノート等を活用して，預貯金，有価証券，その他の金融資産及び生命保険契約の状況について把握する。

　以下，金融資産を所有する資産家に対して特に確認したいポイントを解説する。

■1 預貯金口座の利用状況やデジタル資産の管理等について

　金融資産を所有する資産家は，複数の金融機関と取引をしており，口座数も相当数所有している者が多い。相続税申告書作成時において，相続人も，被相続人がどのような意図で開設した預貯金口座なのか不明なものや，入出金先も不明なものが見受けられる。

　このような場合に備え，エンディングノート等には，預貯金通帳の利用目的等を記載するよう促したい。

　また，近年は，ネット銀行・ネット証券の口座を利用した決済，暗号資産を利用した決済，インターネット上でのFX等の取引をはじめ，サブスクリプション形式の有料会員サービス，電子マネーやマイレージポイントによる支払など預貯金通帳を所有せずに決済を行うケースも多々見受けられる。これら，被相続人がデジタル形式で保管していた金銭に関連する財産で，スマートフォンやパソコン等のデジタル機器を利用して，インターネット上の取引アカウント

によって，ログインIDやパスワードで管理されているものをデジタル資産という。デジタル資産は，通常の財産と異なり，デジタル形式で管理されているため，目に見えず，さらにスマートフォンにログインしなければ分からないものも多い。そのため，相続人がデジタル資産の存在自体を見つけることが困難となり，相続開始後にデジタル資産の発見が遅れることにより，遺産分割協議や相続税申告のやり直しを行わなければならないケースも起こり得る。

　このような事態を避けるため，デジタル資産にアクセスするためのIDやパスワードなどの情報について，エンディングノート等に

図表2－9　エンディングノートの記載例－金融資産・預貯金－

金融資産について

預貯金や有価証券などについて記入しましょう。

預貯金

預貯金の口座を書き出して整理しましょう。

インターネット銀行など通帳のない口座は、IDやパスワードを記入しておくと便利です。

「年金振込口座」など、その口座の用途を備考欄に書いておくと便利です。

事前に本人に代わって手続をする人（「代理人」）を指定している場合、代理人の氏名も書いておきましょう。

（相続税の計算をしたい人は残高も記入してみましょう。）

預貯金①

金融機関	○○銀行	支店名	○○支店	預貯金の種類	普通
口座番号	1234567	名義人	中小　太郎		
Web用ID			パスワード		
備　考	給与振込口座		今の残高	10,000,000	円
指定代理人	有　　無	名前			

（出典）『相続手続で困らないエンディングノート』（💡参照）23頁

図表2-10　エンディングノートの記載例－金融資産・有価証券－

有価証券

有価証券の口座について記入しましょう。インターネット証券などはIDやパスワードを記入しておくと便利です。
株式や国債、投資信託などの具体的な銘柄名や指定代理人の有無などを備考欄に記入しておくとわかりやすいです。
NISA・iDecoの口座もここで管理しましょう。

相続税の計算をしたい人は残高も記入してみましょう。

証券口座①

金融機関先	○○証券	支店名	○○支店	名義人	中小　太郎		
Web用ID		Web用パスワード			NISA	有・無	
					iDeco	有・無	
					今の残高	5,000,000円	

（出典）『相続手続で困らないエンディングノート』（❶参照）25頁

図表2-11　エンディングノートの記載例－デジタル資産－

● デジタル資産

ネット銀行・ネット証券・電子マネー・暗号資産・NFT等のIDやパスワードについても記入しておきましょう。

サービス名　　　　　　　　　　取扱業者名

登録メールアドレス

ID　　　　　　　　　　　　　　パスワード

備考

（出典）『あなたと大切な人のためのライフノート』（❷参照）34,35頁

記載しておくよう働き掛けたい。

2 生命保険の契約内容等について

　生命保険に関しては，契約者，被保険者，保険料負担者及び受取人の相違による課税関係や受取人が整理できていないケースがある。特に，契約当初から現状の確認に至るまでの間に，受取人の変更が必要であるにもかかわらず，当初契約のまま放置されていることが往々にしてある。

　例えば，契約当初は受取人を配偶者に指定していたが，すでに配偶者が亡くなっており，受取人を変更していなかった場合において，受取人の再指定等の事情がないときは，受取人の相続人が保険金の受取人となることが一般的である。そのため，相続人でない者が受取人となることで，相続税の申告義務が生じ，かつ，いわゆる2割加算の対象となり，思わぬ税負担が生じることもある。また，死亡保険金に係る相続税の非課税枠（500万円×法定相続人の数）の範囲内で保険に加入していたところ，法定相続人の人数が増えたことにより限度額に余剰が生じることもある。

　これらのことから，エンディングノート等を活用して，生命保険の契約内容を定期的に見直し，必要に応じて受取人の変更等を行うことに留意する。

　一般的に相続の場面における生命保険のメリットは，次のとおりである。

① 　死亡保険金の非課税「500万円×法定相続人の数」が適用できる。

② 　相続開始後，保険金の請求手続きから死亡保険金の受取りまでの期間が短期間であり，葬儀費用や納税資金等に充てることが

可能である。

③　死亡保険金は受取人固有の財産であり，原則として，民法 903 条の特別受益には該当せず，遺留分侵害額請求の対象にはならない（ただし，保険金の額や遺産総額に対する比率等から，他の共同相続人との間に生ずる不公平が到底是認することができないほど著しいものであるような特段の事情が存する場合は，特別受益の持ち戻し対象になる可能性がある。）。

④　生前贈与の場合，相続開始までの間に相続人の無駄遣いの心配があるが，死亡保険金の場合は相続人の無駄遣いの心配はない。

図表 2 - 12　エンディングノートの記載例 - 生命保険契約 -

生命保険について

加入している保険

加入している生命保険、医療保険、個人年金保険、火災保険、自動車保険、学資保険などを記入しておきましょう。

相続税の計算をしたい人は死亡保険金の金額も記入しておきましょう。

☑生命保険	□損害保険		□個人年金保険	□共済		□その他
保険会社	○○生命	担当者・代理店		保険金額		10,000,000 円
保険の種類	終身保険	証券番号	第○○－△△△△号	証券保管場所		○○銀行の貸金庫
契約者	中小　一郎	被保険者	中小　一郎	受取人		中小　花子
備考（内容・期間・特約・保険料等）		米ドル建て保険、円払特約付き、保険料は○○銀行から引落し				

（出典）『相続手続で困らないエンディングノート』（❶参照）29頁

V おわりに

エンディングノート等を用いた財産等の洗い出しは，相続対策を行う上で最初の一歩であるが，万が一確認漏れが生じた場合は，相続対策を実行したとしても，不十分となってしまう可能性がある。

確認すべき事項が多岐にわたることから，「〈チェックリスト〉エンディングノート等を用いた財産等の洗い出し」（図表2−13）を活用しながら，財産等の洗い出しを行うと良い。

---

❶ 「エンディングノート」には，板倉京・羽田リラ編著『相続手続で困らないエンディングノート』（令和5年，ぎょうせい），WT税理士法人編著『税理士がアドバイスする!! 事業引継に困らないバトンタッチノート』（ぎょうせい）などがある。
❷ 「ライフノート」には，税理士法人チェスター執筆『あなたと大切な人のためのライフノート』（清文社）がある。
❸ 『税理士がアドバイスする!! 事業引継に困らないバトンタッチノート』（❶参照）
❹ 名義株とは，名義預金と同様，株主名簿又は社員名簿に記載されている株主と，実質的な所有者が異なる株式のことをいう。
❺ バックデートした贈与契約書は，仮装隠ぺい行為とも判断されかねない。

図表 2 -13 〈チェックリスト〉エンディングノート等を用いた財産等の洗い出し

【オーナー社長】	年月日	チェック
事業承継の方法（親族内承継，親族外承継，M&A，廃業）は決まっているか。		☐
後継者は決まっているか。また，後継者が決まっている場合，後継者の教育期間は十分確保できているか。		☐
オーナー社長の退職時期は決まっているか。		☐
オーナー社長の退職金原資は確保できていているか。		☐
いわゆる名義株がないか確認したか。		☐
オーナー社長および法人間で，債権債務はあるか。		☐
オーナー社長および法人間で，不動産の賃貸借はあるか。		☐
将来の相続税の納税資金は確保できているか。		☐
【不動産複数所有者】	年月日	チェック
不動産を所有するに至った経緯を確認したか。		☐
各不動産の収支計画表を作成し，収支状況や今後の運用方法を確認したか。		☐
共有者の存在を確認したか。		☐
原資料（取得時の売買契約書，賃貸借契約書，その他税務署に提出している各種書類）を確認したか。		☐
土地の賃貸借がある場合，「土地の無償返還に関する届出書」，「相当の地代の改訂に関する届出書」，地代の水準について確認したか。		☐
将来の相続税の納税資金は確保できているか。		☐
【金融資産所有者】	年月日	チェック
預貯金口座の通帳および印鑑の所在は確認したか。		☐
インターネットバンキングを利用している場合，IDやパスワードの記載を確認したか。		☐
取引金融機関数を整理したか。		☐
いわゆる名義財産（名義預金，名義株，名義保険等）がないか確認したか。		☐
デジタル資産がないか確認したか。		☐
生命保険の契約内容（契約上の受取人等）について確認したか。また，相続税の非課税限度額に余剰が生じているか確認したか。		☐

第 3 章

エンディングノート等を踏まえた
相続税対策の立案とそのポイント

1 オーナー社長に対しては，事業承継計画表をもとに事業承継税制の適用や退職金規程の整備等を実施する。

2 オーナー社長と法人間で債権債務がある場合，相続時に思わぬ税負担が生じないよう解消方法を検討する。

3 不動産複数所有者に対しては，不動産管理会社を設立すべきか，シミュレーションを実施し，所得税，法人税，相続税等を多角的に検証する。

4 金融資産所有者に対しては，暦年課税制度と相続時精算課税制度によるシミュレーションを実施した上で，贈与計画を検討する。

5 国外居住者がいる場合，国外転出時課税制度の適用を受けないような配慮が必要である。

I はじめに

　相続税対策の立案に当たっては，エンディングノート等を活用した財産状況等の洗い出しに加え，家族状況の把握が欠かせない。

　①オーナー社長は後継者に一定数の自社株式を相続させる場合，遺留分対策や代償金対策の検討を行う。②不動産複数所有者は不動産の現物分割や小規模宅地等の特例の適用についての検討を行う。③金融資産所有者は生前贈与対策の検討を行う。いずれの検討を行う場合であっても，財産等の洗い出し及び家族状況を的確に把握していないと，対策を立てたとしても実効性のないものになってしまう。

図表3-1　家族状況について

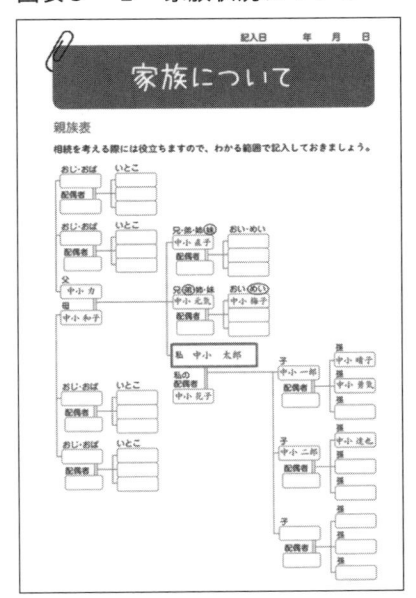

（出典）板倉京・羽田リラ編著『相続手続で困らないエンディングノート』（令和5年，ぎょうせい）16頁に筆者記載例加筆

図表3-2　家族・親族の連絡先等

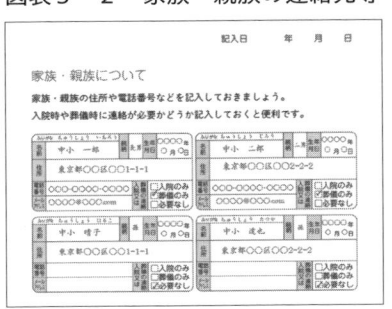

（出典）板倉京・羽田リラ編著『相続手続で困らないエンディングノート』（令和5年，ぎょうせい）17頁に筆者記載例加筆

エンディングノートには財産の記述のほか親族図についても掲載されているので，これを活用したい（図表3－1・3－2）。

　また，エンディングノート等を参考に生前贈与の状況を確認したい（図表3－3参照）。クライアント自身が贈与と認識していても，相続開始後，相続争いになり他の相続人から贈与は成立しておらず，遺産分割の対象とすべきであると主張されるケースや，その後の税務調査において，税務当局から贈与と認められず名義財産に該当するとして相続財産に加算されるケースがある。

　このため，エンディングノートに記載された贈与について，贈与契約書の有無や贈与税申告書の有無，金銭の移動状況，預貯金通帳の管理（通帳，印鑑，キャッシュカード等）の状況などから，贈与が成立しているか否かの確認を行う。なお，贈与が成立し，贈与税の申告義務があるにもかかわらず無申告である場合，贈与税は当初申告期限から6年間は申告可能（税務調査による決定処分も可能）であることから，この期間内であれば期限後申告書の提出を促すことに留意する。

　また，税務調査によって名義財産と判定されるか否かの主なポイ

図表3－3　エンディングノートの記載例 − 生前贈与の状況 −

贈与した相手の名前　　　中小　一郎				
贈与の日	財産の内容	財産額	申告の有無	贈与の種類
2020年8月7日	現金	1,000,000	有 （無）	☑暦年・□精算課税制度・□その他（　　　　　）
2022年6月4日	現金	500,000	有 （無）	□暦年・□精算課税制度・☑その他（教育資金）
2024年2月3日	有価証券	800,000	有 （無）	☑暦年・□精算課税制度・□その他（　　　　　）
			有 ・ 無	□暦年・□精算課税制度・□その他（　　　　　）
			有 ・ 無	□暦年・□精算課税制度・□その他（　　　　　）

（出典）板倉京・羽田リラ編著『相続手続で困らないエンディングノート』（令和5年，ぎょうせい）8頁に筆者記載例加筆

ントは，①口座開設者，②原資の出捐者，③名義人に原資を確保するだけの収入源の有無，④口座の管理及び運用の実行者，⑤収益の帰属者であり，名義財産と判断された場合，時効はない。

Ⅱ オーナー社長

オーナー社長の相続対策として欠かせないのが法人の承継である。法人を承継するには，事業承継税制を用いた株式の引継ぎ，株式の贈与・譲渡，M&Aなどがあるが，本章では相続税対策として最も有利な**1**事業承継税制等について取り上げる。また，**2**死亡退職金を活用した相続税対策，**3**自社株式の評価額の引下げ対策，**4**法人に対する貸付金の解消，**5**相続開始後の自己株式の取得について触れる。

1 事業承継税制等を活用した相続税対策

事業承継税制は，経営承継円滑化法に基づく認定のもと，非上場会社や個人事業の後継者が取得した一定の資産について，贈与税や相続税の納税を猶予・免除する制度であり，非上場会社の株式等を対象とする「法人版事業承継税制」と，個人事業主の事業用資産を対象とする「個人版事業承継税制」がある。本章では，「法人版事業承継税制」のポイントについて解説する。

(1) 法人版事業承継税制の概要

法人版事業承継税制には，特例措置と一般措置の2種類があり，それぞれの主な違いは次のとおりである（図表3−4）。

図表３－４　法人版事業承継税制の概要

	特例措置	一般措置
事前の計画策定等	特例承継計画の提出 （平成30年4月1日から 令和8年3月31日まで）	不要
適用期限	次の期間の贈与・相続等 （平成30年1月1日から 令和9年12月31日まで）	なし
対象株数	全株式	総株式数の最大3分の2まで
納税猶予割合	100%	贈与：100%　相続：80%
承継パターン	複数の株主から最大3人の後継者	複数の株主から1人の後継者
雇用確保要件	簡潔に記載（注）	承継後5年間 平均8割の雇用維持が必要
事業の継続が困難な 事由が生じた場合の免除	あり	なし
相続時精算課税の適用	60歳以上の者から18歳以上の者への贈与	60歳以上の者から18歳以上の推定 相続人（直系卑属）・孫への贈与

（出典）国税庁「非上場株式等についての贈与税・相続税の納税猶予・免除（法人版事業承継税制）」に一部筆者加工

（注）一定の基準日における雇用の平均が8割を下回った場合においても，下回った理由等を記載した報告書を都道府県知事に提出することにより，引き続き納税猶予が適用される。

　特例措置は，納税猶予割合が100％と実質税負担0円で株式を移転できることに加えて，承継パターンの多様化，雇用確保要件の弾力化，免除制度の導入により，一般措置よりも利用しやすいものとなっている。

　法人版事業承継税制（特例措置）は令和9年12月31日まで[1]の贈与・相続等に限定されている。特例措置が適用可能な限りは，より有利な特例措置を適用したい。

○参考法令

・非上場株式等についての贈与税の納税猶予及び免除の特例（措法70の7の5）

・非上場株式等についての相続税の納税猶予及び免除の特例（措法70の7の6）

・非上場株式等の特例贈与者が死亡した場合の相続税の課税の

特例（措法70の7の7）

・非上場株式等の特例贈与者が死亡した場合の相続税の納税猶
予及び免除の特例（措法70の7の8）

・相続時精算課税適用者の特例（措法70の2の8）

(2)　遺留分に関する民法の特例を活用する

　自社株式の評価額が高額になると，オーナー社長が所有している
自社株式の全財産のうちに占める割合が高くなる。このため，後継
者が事業承継の一環でその株式を贈与や遺贈により承継する場合は，
他の相続人の遺留分に配慮しなければならない。この点，円滑化
法[2]では，遺留分に関する民法の特例として「除外合意」と「固定
合意」との2つの措置が設けられており，活用を検討する。なお，
この民法の特例は，後継者及び推定相続人全員の合意を必要とし，
また，経済産業大臣の確認及び家庭裁判所の許可も必要とされるた
め，活用に向けて関係者の協力を得て，手続きを一つずつクリアし
ながら時間的に余裕を持って進めたい。

イ　除外合意（円滑化法4①一）

　生前贈与した株式等の価額が，遺留分を算定するための財産の
価額から除外されるため，相続後に後継者以外の相続人から遺留
分の侵害額請求をされることを事前に防止することができる。

ロ　固定合意（円滑化法4①二）

　遺留分を算定する際に，通常は相続開始時の価額によるため，
後継者の貢献により株価が上昇した場合に，遺留分侵害額が大き
くなってしまう。そのような状況では，後継者の経営意欲が阻害
されてしまうため，遺留分を算定する際の株価評価額を贈与時の
価額に固定することができる。

(3) 株価対策について

　法人版事業承継税制の適用を受ける場合，特例措置では納税猶予割合が100％となっている。これはあくまでも，非上場株式の相続税評価額に対応する相続税額が猶予されるだけであり，相続税の計算においては，非上場株式の相続税評価額が高ければ高いほど，相続税の税率は高くなり，結果的に税負担が重くなるケースも想定される。また，万が一納税猶予期間中に猶予打ち切り事由に該当した場合，猶予税額及び利子税の負担が生じることになる。そのため，事業承継税制の適用を受ける前提であっても，非上場株式の相続税評価額を引き下げる対策も重要である。具体的な株価対策については，後記 **3** で詳述する。

2 死亡退職金を活用した相続税対策

　オーナー社長の事業承継においては，死亡退職金の支給を活用した節税対策を実行することも多くある。そこで退職金の支給による節税対策のポイントを解説する。

　エンディングノート等から退職金についてのオーナーの意向を確認し，具体的な対策について検討する（図表3－5）。

(1) 死亡退職金の非課税枠を活用する

　死亡退職金とは，相続開始後3年以内に支給が確定した退職金，功労金その他これらに準ずる給与をいい，相続人が受取人の場合，相続税がかからない非課税枠「500万円×法定相続人の数」が設けられているので，死亡退職金の支給を検討している場合は非課税枠を最低限適用できるよう準備する。死亡退職金の受取人は，次のように定められている（相基通3-25）ので，会社の役員退職給与規程等を確認して，死亡退職金の受取人を変更する必要がある場合は，

図表3−5　オーナー社長の退職金の意向等

退職金について

❹ 退職金についてどう考えていますか？

☐ 退職金はいらない

☑ 退職金はもらうつもりだ

（希望の退職金額）_____20,000,000 円

☐ その他

_____

_____

_____

❺ 退職金の準備はしていますか

☐ 退職金の原資の準備はしていない

☑ 退職金の準備をしている（内容）

会社で契約している保険契約の保険金等で準備している。

☐ その他

_____

_____

_____

（出典）WT税理士法人編著『税理士がアドバイスする!!　事業引継に困らないバトンタッチノート』（ぎょうせい）７頁に筆者記載例加筆

役員退職給与規程の見直しを行う。一般的には，配偶者は配偶者の税額軽減（相法19の２）の適用により相続税額の計算上優遇されているため，配偶者以外の相続人を受取人とした方が，節税効果は大きくなる。また，死亡退職金は受取人の固有財産と考えられ，一般的には遺留分算定の基礎財産には算入されないことから，後継者を受取人として定めることにより，納税資金や遺留分対策にも活用す

ることが可能である。

○参考法令等（相基通3-25）

> イ　退職給与規程等により受取人が定められている場合は，その受取人
> ロ　退職給与規程等により受取人が定められていない場合は，次の区分に応じてそれぞれの者
> 　（イ）相続税申告書の提出時までに実際に退職金を受け取った者がいるときは，その受取人
> 　（ロ）相続人全員の協議により受取人を定めたときは，その定められた者
> 　（ハ）上記（イ）及び（ロ）以外のときは，相続人の全員
> 　　　この場合には，各相続人が死亡退職金を均等に取得したものとする。

⑵　死亡退職金を支給することによって自社株式の相続税評価額を圧縮する

　オーナー社長が所有している自社株式の相続税評価については，原則的評価方式によることがほとんどであるが，この場合，類似業種比準方式と純資産価額方式の2種類の計算方法を用いることになる。そのうち，死亡退職金の支給は，純資産価額方式の計算上負債として計上できるため，純資産価額方式による場合は相続税評価額の圧縮効果がある。

⑶　役員報酬を見直すことにより死亡退職金を引き上げる

　非上場会社では，オーナー社長の役員報酬を低く抑えているケースがよくあるが，これは会社決算の黒字化による取引先へのアピー

ルや資金繰りの都合，又は，オーナー社長の金融資産の増加を防ぐ
相続税対策によるものが大きいと思われる。ただし，死亡退職金の
非課税枠，納税資金及び遺留分対策として退職金を活用したいとき
は，役員報酬（退職時の報酬月額）が死亡退職金の支給額に影響す
るので，いくらに設定するか検討を要する。

　死亡退職金の支給は，法人税法上損金算入が認められているため，
相続税だけでなく法人税でも節税効果が見込めるのが一般的である。
ただし，退職金の支給額が過大である場合は，法人税上損金算入が
認められない可能性がある。

　退職金の支給が過大か否かは，「業務に従事した期間，その退職
の事情，その内国法人と同種の事業を営む法人でその事業規模が類
似するものの役員に対する退職給与の支給の状況等に照らし」相当
かどうかで判断すると規定されており（法令70②），抽象的な規定
となっている。これまで税務当局の行った課税処分に対し，審査請
求や訴訟[3]を通じ，役員退職金の算定方法として「功績倍率法[4]」
と「１年当たり平均額法」という２つの方法が用いられてきたが，
実務上は次の功績倍率法で算定しているケースが多いと思料する。
したがって，死亡退職金に不足が生じる場合は，役員報酬を見直す
ことも検討する。

功績倍率法：最終報酬月額×役員在任期間×功績倍率

---

3 自社株式の評価額の引下げ対策

　オーナー社長にとって，相続財産のうちに自社株式が占める割合
は非常に高くなる傾向があるため，贈与や相続等による株式移転時
に，自社株式の相続税評価額を引き下げる対策を実行できるか検討

する。

　非上場株式の評価方法は，類似業種比準価額及び純資産価額をもとに計算を行う原則的評価方式と，配当還元価額をもとに計算を行う特例的評価方式の大きく2種類がある。後継者が株式を取得するに当たっては，原則的評価方式によるのが一般的であるため，原則的評価方式に対する株価の引下げ対策について，主なものを紹介する。

(1)　会社規模区分の引上げによって類似業種比準価額の割合を引き上げる

　原則的評価方式については，非上場株式の総資産価額，従業員数及び取引価額に応じて大会社，中会社及び小会社に区分し，図表3－6のとおりに計算することとされている。会社規模区分が大きくなるに従って，類似業種比準価額で計算する割合も50％から100％まで段階的に大きくなる。多くの会社では，純資産価額より類似業種比準価額の方が株式の評価額が低くなる傾向にあることから，会社規模区分を引き上げることにより，株価評価額の減額につながる。

　会社規模区分の引上げ方法としては，総資産価額の増額，従業員数の増加，取引金額の増額が挙げられる。

(2)　類似業種比準価額を引き下げる

　上記(1)と同様の事情から，類似業種比準価額が下がれば，株価評価額は減額する。類似業種比準価額は，「配当金額」，「利益金額」及び「純資産価額」をもとに計算を行うため，これら3つの金額を引き下げることにより，類似業種比準価額も下がることとなる。代表的な方法としては，生命保険の加入，役員退職金の支給，不良債権・含み損のある資産の処分等が考えられ，株式移転時期に合わせてこれらの方法を実行することを検討する。

なお，純資産価額をもとに株価評価額を計算する会社の場合は，純資産価額の引下げが株価評価額を下げることにつながる。

(3)　特定の評価会社を避ける

　特定の評価会社とは，比準要素数１の会社，不動産や株式等の特定の資産を多く所有している会社，開業後３年未満の会社，休業・清算中等の会社のことをいい，特定の評価会社に該当する場合，原則として純資産価額方式により評価することになる。このため，類似業種比準価額よりも純資産価額の方が大きい会社は株価の引上げにつながる。特定の評価会社に該当しないような対策として，主に下記のものが挙げられる。

イ　比準要素数１の会社の場合

　「配当金額」，「利益金額」及び「純資産価額」の３つの比準要素のうち，２つがゼロの場合，比準要素数１の会社に該当することとなる。このため，例えば３つの要素のうち純資産価額のみがプラスの場合は，毎期継続して配当を行うことにより比準要素数が２つとなるよう検討する。なお，記念配当などの非経常的な配当に該当する場合は，比準要素数の判定上除かれるため留意する。

ロ　土地保有特定会社の場合

　土地保有特定会社に該当しないためには，会社の資産のうちに土地の占める割合を引き下げることが必要である。このため，土地を売却して他の資産に組み換える方法などを検討する。なお，例えば，合理的な理由がなく土地の占める割合を引き下げることのみを目的として資産が組み換えられた場合には，その資産の組み換えはなかったものとして，土地保有特定会社の判定が行われるため留意する（評基通189）。

ハ　株式等保有特定会社の場合

株式等保有特定会社に該当しないためには，会社の資産のうちに株式の占める割合を引き下げることが必要である。このため，株式を売却して他の資産に組み換える方法や，非上場会社が子会社の株式を所有している場合は，その子会社株式の株価評価額を引き下げる方法などを検討する。なお，土地保有特定会社と同様に，例えば，合理的な理由がなく株式の占める割合を引き下げることのみを目的として資産が組み換えられた場合には，その資産の組み換えはなかったものとして，株式等保有特定会社の判定が行われるため留意する（評基通189）。

図表3－6　会社規模区分に応じた非上場株式の評価方法

会社規模区分及びLの割合		評価方法
大会社		次のうちいずれか低い方の金額 ①類似業種比準価額 ②純資産価額
中会社	0.90	次のうちいずれか低い方の金額 ①類似業種比準価額×0.90＋純資産価額×（1－0.90） ②純資産価額
	0.75	次のうちいずれか低い方の金額 ①類似業種比準価額×0.75＋純資産価額×（1－0.75） ②純資産価額
	0.60	次のうちいずれか低い方の金額 ①類似業種比準価額×0.60＋純資産価額×（1－0.60） ②純資産価額
小会社		次のうちいずれか低い方の金額 ①純資産価額（または純資産価額×80%） ②類似業種比準価額×0.50＋①×0.50

4 法人に対する貸付金を解消する

　オーナー社長と法人との間では，金銭の貸し借りをしているケースは少なからずある。オーナー社長から見て貸付金又は借入金がある状態で相続が発生したときは，その残高いかんによって相続税額

に大きな影響を及ぼすことがある。とりわけ貸付金がある場合，思わぬ税負担が生じ納税時に慌てることもあるため，そのような事態は避けたいものである。

　まずは，エンディングノート等を確認することにより，オーナー社長から会社に対する貸付金の状況を把握する（図表3－7）。

　そこで，オーナー社長の貸付金の解消手段として，①債務免除，②DES（デットエクイティスワップ）について紹介する。

(1)　オーナー社長が法人の債務免除を行う

　オーナー社長が法人の債務免除を行うと，オーナー社長側では貸

図表3－7　オーナー社長の会社に対する貸付金の状況等

①経営者個人が会社に貸し付けを行っている場合

貸付金は相続財産となります。貸付金が多いと高額な相続税がかかる可能性もあるので、放置しておくのは危険です。

会社の資金繰りが悪くて返済してもらえないような場合、相続税の払い損になりかねません。

一方、親族以外の人が後継者の場合、相続により貸付金を取得した相続人から返済を迫られる可能性があります。

生前に少しずつでも返済しておく、債務免除・資本金への振替など税理士と相談して対応しておくといいでしょう。

決算書で経営者からの債務を確認しよう

会社の決算年度	経営者からの借入金・未払金の額	返済予定・処理予定の内容
2023　年度	500　万円	5年間で返済予定
年度	万円	
年度	万円	

（出典）WT税理士法人編著『税理士がアドバイスする!!　事業引継に困らないバトンタッチノート』（ぎょうせい）30頁に筆者記載例加筆

付金の解消につながるが，法人側は債務免除益課税，また，オーナー社長以外の株主へのみなし贈与課税のリスクがある。なお，債務免除の前後において，そもそも株価評価額が０円となる場合が往々にしてあり，その場合はみなし贈与の価額も０円となり，みなし贈与課税のリスクは生じない。

イ　法人側での債務免除益課税について

　オーナー社長が法人の債務免除を行った場合，法人側では債務免除額が益金の額に算入されるため，通常，法人税等が発生（増額）する。例えば，法人側で繰越欠損金があり，債務免除益と繰越欠損金を相殺して，法人税等の負担が生じない場合には有効である。

ロ　オーナー社長以外の株主へのみなし贈与課税について

　オーナー社長が法人の債務免除を行った場合，債務免除を受けた法人側は債務免除額の分だけ純資産価額が増加し，その法人の株式の相続税評価額が増加することとなる（算式１参照）。そのため，オーナー社長以外の株主がいるときは，貸付金を有していたオーナー社長から他の株主に対して，その株価増加分（算式２）の贈与があったものとみなされる（相法９，相基通 9-2）。

（算式１）

$$株式の評価額＝\frac{純資産価額＋債務免除額－債務免除益に係る法人税等相当額}{発行済株式数}$$

（算式２）

株価の増加分＝（債務免除後の１株当たりの評価額－債務免除前の１株当たりの評価額）×当該他の株主の所有株数

(2)　DES（デットエクイティスワップ）を活用する

　デットエクイティスワップ（Debt Equity Swap）とは，債権者

側からは，債権者が債務者に対して有する債権を債務者が発行する株式に振り替えること，債務者側からは，債権者に対する債務を資本金に振り替えることをいう（平成22年1月経済産業省経済産業政策局産業再生課「事業再生に係るDES（Debt Equity Swap:債務の株式化）研究会報告書」10頁）。つまり，DESとは，債務と資本を交換すること（債務の株式化を目的としたもの）であり，オーナー社長の貸付金及び法人の債務が減少することになる。また，オーナー社長にとっては，相続財産の構成が貸付金から自社株式に変わるため，類似業種比準価額を採用するような会社の場合，節税効果が見込まれる。なお，貸付金と発行する株式の評価額が同額である場合は，みなし贈与課税のリスクは生じないが，貸付金と比べて発行する株式の評価額が低い場合は，上記(1)の債務免除と同様に，オーナー社長から他の既存株主に対するみなし贈与課税のリスクが生じる。

○オーナー社長の会社に対する貸付金及び借入金の評価方法等

〈貸付金〉

> 金銭債権としてオーナー社長の相続財産に含まれることになり，その元本価額と既経過利息の合計額で評価される（評基通204）。一方，非上場株式の評価においては，純資産価額の計算上負債として計上される。

〈借入金〉

> 金銭債務としてオーナー社長の債務控除の対象になる。一方，非上場株式の評価において，純資産価額の計算上資産として計上される。

5 相続開始後の自己株式の取得

　非上場会社が個人株主から自己株式を取得する場合，通常みなし配当が生じ，総合課税の対象となるため，税負担が大きくなるケースがある。しかし，相続開始から3年10か月以内の自己株式の取得の場合，みなし配当不適用の特例（措法9の7）によりみなし配当ではなく譲渡所得の対象となり，さらに，取得費加算の特例（措法39）が適用できる。そのため，生前対策というよりは相続開始後の対策となるが，非上場会社のキャッシュを個人株主に還元したい場合や，株主の整理をしたい時には有効である。

III 不動産複数所有者

　不動産複数所有者の相続対策としては，居宅として次代に遺すべき不動産，収益物件として残す不動産及び納税資金や代償金対策として売却を視野に入れた不動産に区分した上で，それらの不動産を相続人にどのように引き継ぐかを検討する。不動産の所有権が移転すると，不動産の性質上，相続税や贈与税のほか譲渡所得税が課税される場合もあり，また，登録免許税や不動産取得税，固定資産税の負担もあるので，手続にかかる手間や諸費用など多角的な検討を要する。

　所有不動産の数，種類，活用状況等の把握についてはエンディングノートを活用する（図表3-8）。

1 共有不動産の解消による相続税対策

　共有者がいる所有不動産については，その共有者との親族関係か

図表3-8　不動産の所有状況等

不動産について

所有する不動産について記入しましょう。
土地と建物を別々に記入してください。
借地権（人から土地を借りている権利）
も財産です。重要書類（権利証・売買契
約書など）の保管場所もメモに記入して
おくと便利です。

相続税の計算を
したい人は固定資産税の納税
通知書の評価額を記入して
おきましょう。

種類	☑土地　☑建物　□マンション・アパート　□借地　□その他（　　　　）
どんな不動産	☑自宅　□別荘　□貸家　□その他
名義人（共有者含む）	中小　太郎　　中小　花子　　　　　持ち分　1/2
所在地	
登記簿記載内容	抵当権　□設定なし　☑設定あり〔〇〇銀行〕 面積　200 ㎡　　　坪　備考　団体信用生命保険付き
取得の方法	☑購入（時期　平成6年　10月　1日　購入価格　50,000,000 円） □相続　□その他（　　　　　　　）

今の固定資産税評価額　約　　　　　　　円

種類	☑土地　☑建物　□マンション・アパート　□借地　□その他（　　　　）
どんな不動産	□自宅　□別荘　☑貸家　□その他（　　　　）
名義人（共有者含む）	中小　太郎　　　　　　　　持ち分　1
所在地	
登記簿記載内容	抵当権　□設定なし　☑設定あり〔＊＊銀行　根抵当権〕 面積　150 ㎡　　　坪　備考
取得の方法	□購入（時期　　年　　月　　日　購入価格　　　　円） ☑相続　□その他（　　　　　　　）

今の固定資産税評価額　約　　　　　　　円

（出典）『相続手続で困らないエンディングノート』27頁に筆者記載例加筆

ら，相続開始前に共有関係を解消しておいた方が良い場合がある。

(1) 土地を分筆して単独名義にすることにより評価額を下げる

対象の共有の土地が複数路線に面しており正面と裏面の路線価が異なる場合は，分筆しそれぞれの単独名義とすることによって相続税評価額が下がる可能性がある。共有地の分筆に関して，共有持分に応じて分割する場合は，原則として土地の譲渡はなかったものとして取り扱われるため，所得税や贈与税はかからない（所基通 33-1 の 7，評基通7-2）。したがって，生前に共有者の合意を得て，共有持分に応じて分筆することによって，所得税・贈与税の負担なく相続税評価額を下げることができる。

なお，現実の利用状況を無視した分割や，無道路地や接道義務を満たさない土地を創出するような分割等で著しく不合理な分割と認められる場合は，分割が認められず，相続税，贈与税が課税されるリスクがある。

(2) 他の共有者から持分を購入することによる相続税対策

相続税の納税資金に充てるため売却の候補に挙げている対象不動産がある場合は，共有者から持分を買い取ることを検討する。生前に持分を買い取ることによって，現金を不動産に組み換えることができるので，相続税評価額を引き下げる効果が期待できる。また，相続開始後，売却が容易であることに加え，譲渡所得の取得費加算の特例（措法39）を適用することにより，譲渡所得税の軽減効果も期待できる。

共有者の一部が合意に応じない場合は，共有不動産を売却できないことから他の解消法を検討することになる。各共有者は，いつでも共有物の分割を請求することができる（民法256①）とされており，共有者間の協議が調わないとき，又は協議ができないときは，

その分割を裁判所に請求することができる（民法258①）とされている。この場合，裁判所への請求から解決までに長期間を要することや，弁護士費用もかかることとなる。また，自身の持分を他の共有者に売却するよう命じられるなど，期待していなかった結果となる可能性もあるため，裁判所への請求に踏み切るか否かは慎重に検討したい。

2 小規模宅地等の特例の適用を見据えた相続税対策

不動産複数所有者の場合，複数ある土地のうち，どの土地に対して小規模宅地等の特例を適用するかによって，相続税額に大きな差が生ずる。また，相続税の軽減効果が大きな土地であっても，小規模宅地等の特例の適用要件を満たさないケースもある。小規模宅地等の特例の適用要件は，相続開始前の状況で判断される部分が多くあるため，手遅れにならないよう生前から備える。

そこで，各不動産について小規模宅地等の特例を適用できるか否か確認した上で，相続開始までの間に適用を受けるための方策がある場合は実行する。主な対策は次のとおりである。

(1) 推定被相続人と同居する

推定被相続人の居宅の敷地に対して適用できる特定居住用宅地等の適用要件として，取得者が配偶者，同居親族，いわゆる家なき子のいずれかに該当する必要がある。そのため，生前に推定被相続人と家族が同居することにより，小規模宅地等の特例の適用要件を満たしておくよう備えることも検討する。ただし，例えば小規模宅地等の特例の適用目的のために一時的に住民票を移動していたというような場合，小規模宅地等の特例は認められない（国税庁質疑応答事例「小規模宅地等の特例の対象となる「被相続人等の居住の用に

供されていた宅地等」の判定」)。

⑵　老人ホームの入居により空き家となっている建物の用途を変更する

　推定被相続人が老人ホームに入居し，同居親族及びいわゆる家なき子がおらず，特定居住用宅地等の適用要件を満たさない場合でも，空き家を第三者へ賃貸することにより貸付事業用宅地等として特例の適用を受けられる可能性がある。また，その不動産の相続税評価額の計算に当たっては，土地は貸家建付地及び建物は貸家評価となり，さらなる節税効果が期待できる。

　なお，賃貸を開始してから３年以内に相続が発生した場合は，原則として小規模宅地等の特例を適用できないことに留意する。ただし，推定被相続人が事業的規模で貸付事業を行っていた場合（措通69の4-24の４，所基通26-9）は，３年以内に相続が開始した場合でも小規模宅地等の特例を適用できる。

⑶　青空駐車場に構築物を施工する（貸付事業用宅地等の適用）

　貸付事業用宅地として特例の対象となる土地は，建物又は構築物の敷地の用に供されているものであり，いわゆる青空駐車場には適用できない。そのため，青空駐車場に対して貸付事業用宅地等として小規模宅地等の特例の適用を検討している場合は，アスファルト等の構築物の設置を備えておきたい。

⑷　小規模宅地等の特例適用の優先順位を確認する

　小規模宅地等の特例を適用するに当たっては，次の算式により限度面積の上限が定められていることを踏まえ，原則として，各不動産で小規模宅地等の限度面積まで適用した場合における減額金額が大きい順が，小規模宅地等の特例適用の優先順位となるので，図表３−９のように整理すると良い。

（算式）

特定居住用宅地等の面積×200/330＋特定事業用等宅地等×200/400
＋貸付事業用宅地等の面積≦200㎡

　なお，取得者が配偶者の場合は，配偶者の税額軽減で特例の効果が減少することになるほか，２割加算対象者が特例を受けるか否かによっても，全体としての節税額に差異が生ずることとなるので，この点も考慮して適用対象者を決定する。

図表３−９　小規模宅地等の特例を適用する際の優先順位の決定

所在地	小規模宅地等の種類	①相続税評価額	②持分に応じた面積	③減額割合	④限度面積	減額金額（①÷②×③×④）	優先順位
東京都●区●1-1-1	特定居住用	100,000,000円	240㎡	80%	330㎡	110,000,000円	2
東京都▲区▲2-2-2	特定同族会社事業用	200,000,000円	300㎡	80%	400㎡	213,333,333円	1
東京都■区■3-3-3	貸付事業用	50,000,000円	100㎡	50%	200㎡	50,000,000円	3

❸ 不動産の生前贈与による相続税対策

　相続税の生前対策として，所有不動産を親族へ贈与することも検討したい。贈与の対象となる不動産は贈与者の所有を離れることにより，小規模宅地等の特例の適用はできなくなるが，贈与税の配偶者控除の適用，相続時精算課税贈与を利用した賃貸物件の贈与など一定の節税効果が見込まれるほか，収益物件の贈与は，その収益を相続税の納税資金に充てることも期待できる。

(1)　贈与税の配偶者控除（おしどり贈与）を適用した相続税対策

　居住用不動産については，相続時まで所有していた場合は居住用宅地として小規模宅地等の特例が適用できるため，一般的な相続税申告においては，節税効果が大きい。ただし，不動産複数所有者に

おいては，どの不動産で小規模宅地等の特例を適用するかで，相続税の計算結果に大きな差異が生ずることがあり，必ずしも居住用不動産に対して小規模宅地等の特例を適用することが有利になるとは限らない。小規模宅地等の特例を居住用不動産に適用しない場合は，贈与税の配偶者控除（おしどり贈与）（相法21の６）を適用して，居住用不動産を生前に贈与することも有効である。また，贈与税の配偶者控除の適用要件である「婚姻期間が20年以上の夫婦」は，民法上の持戻し免除の意思表示の推定（婚姻期間が20年以上の夫婦の一方である被相続人が，他の一方に対し，その居住の用に供する建物又はその敷地について遺贈又は贈与をしたときは，その被相続人は，その遺贈又は贈与について特別受益として扱わない旨の意思を表示したものと推定する（民法903④））の規定が適用され，遺留分を算定するための財産の価額から除外されるメリットもある。なお，贈与税の配偶者控除の適用に当たっては，①贈与者よりも受贈者の方が長生きする場合や受贈者の相続税実効税率の方が低い場合に有効であること，②不動産取得税や登録免許税については，相続による移転よりも税負担が大きいことにも留意する。

(2)　**相続時精算課税制度を適用した相続税対策**

　不動産を直系卑属に贈与する場合，相続時精算課税制度を選択することによって，①東京都心のマンションなど将来的に値上がり益が期待できる不動産について，相続税の計算上は贈与時の評価額で財産計上されるため，贈与後に値上がりした場合は結果的に有利になる，②収益不動産を贈与した場合，贈与後の賃料収入は受贈者に帰属するため，贈与者の将来の相続財産を圧縮することができるなどのメリットを享受することができる。

　一方，①相続税計算時に小規模宅地等の特例を適用できなくなる，

②相続による移転よりも不動産取得税や登録免許税の負担がかかる，③贈与後に値下がりした場合，相続税の計算上は贈与時の高い価額で加算されてしまうなどのデメリットが考えられる。

　なお，相続時精算課税制度の詳細については，下記Ⅳにて詳述する。

4　その他の相続税対策

　不動産複数所有者が所有する不動産の中には別荘地として購入したものの開発が滞っている宅地（雑種地），相続したものの遠距離で利用する予定のない土地も見受けられる。原野商法などで購入し放置されているような土地は，エンディングノートに記載されず，相続人も把握できないまま相続が開始することも十分にあり得る。所有不動産が不明な場合，所有が推測される市町村に対して，名寄帳を請求し，所有の有無及び場所を確認したい。このような土地は，相続人間で引き取り手がなく，遺産分割が申告期限までに調わないことも見込まれる。生前にこのような土地を把握した場合には，可能な限り売却するなどして相続人に負担をかけないよう配慮することが肝要である。また，相続土地国庫帰属制度の適用要件を満たす土地である場合は，同制度を利用し国庫に帰属させることも考慮する。

Ⅳ　金融資産所有者

1　暦年課税制度・相続時精算課税制度の活用の際のポイント

　エンディングノートを活用した生前贈与の状況把握や留意点等に

ついて，Ⅰで触れたところであるが，金融資産所有者の相続税対策
として，生前贈与の節税効果は大きい。とりわけ金融資産所有者の
場合は現金預金の贈与が行われることが多い。

　エンディングノートから所有資産の状況及び生前贈与の実施状況
（前掲図表3－3）を確認することによって，これまでの相続税対
策としての生前贈与の取組状況を確認する。その上で，今後，一定
期間内の贈与を前提として，所有資産の状況，贈与者の年齢，受贈
者の親族関係・人数などから，相続税及び贈与税のトータルとして
の税負担額をシミュレーションした上で，暦年課税贈与を行うのか
相続時精算課税贈与を選択するのか決定する。シミュレーションを
行うに当たり，まずは，いつからいつまでの期間について贈与を実
施するのか決定することとなるが，相続開始前7年以内の贈与は生
前贈与加算の対象とされることから，厚生労働省が公表している簡
易生命表（主な年齢の平均余命）などを参考として，生前贈与加算
の対象とならない相続時精算課税贈与の基礎控除額（110万円）以
内の贈与も考慮した上で，贈与の実行年数を決定する。続いて，贈
与の実行年数内において，贈与者が相続開始までに必要とする資産
額を試算した上で，贈与可能額を見積もり，その間に発生する贈与
税額，相続が開始した際の生前贈与加算額，相続税額から控除する
贈与税額及び相続税額から控除されない贈与税額を試算し，トータ
ルとしての税負担額について，暦年課税贈与，相続時精算課税贈与
それぞれにシミュレーションを行う（図表3－10・3－11）。

　なお，生前贈与については，民法上，特別受益として相続財産と
みなした上で，法定相続分等により算定した相続分の中から，特別
受益の価額を控除することとされている（民法903）ので，特定の
者に多くの遺産を相続させるようなときには，特別受益の持戻し免

除の意思表示を行う必要がある。また，その際には，遺産総額及び贈与額から，遺留分侵害額請求がなされないように配慮する。

　一般に，財産額にもよるが，相続対策に充てる期間が長ければ長いほど，節税効果は大きくなるので，可能な限り若いうちから，贈与税率の低い部分の贈与を着実に積みかさねることが肝要である。なお，令和５年度税制改正により，暦年課税贈与における生前贈与

図表３－10　相続税の課税価格の記載例

		金額	
資産	現金	200,000 円	
	預貯金の合計額	20,000,000 円	
	有価証券の合計額	5,000,000 円	
	その他金融資産の合計額	500,000 円	
	土地	27,000,000 円	
	建物	5,000,000 円	
	生命保険	10,000,000 円	
	その他の資産	300,000 円	
資産の額合計 Ⓐ		68,000,000 円	
負債・葬式費用	借入金などの合計額 Ⓑ	▲3,500,000 円	
	葬式費用 Ⓒ	▲1,300,000 円	想定される金額を入れてください
取得財産の合計額 Ⓓ		63,200,000 円	Ⓐ－Ⓑ－Ⓒ
生前の贈与税等	相続開始７年以内に相続人から受けた贈与（2023年12月までの贈与は３年）Ⓔ	0 円	※相続開始前４年～７年の贈与財産の合計額から100万円を控除した金額
	相続時精算課税制度の適用を受けた贈与 Ⓕ	0 円	2024年以降は、年間110万円を超えた贈与の金額で計算
相続税の課税価格 Ⓖ		63,200,000 円	Ⓓ＋Ⓔ＋Ⓕ

（出典）板倉京・羽田リラ編著『相続手続で困らないエンディングノート』（令和５年，ぎょうせい）44頁に筆者一部加工

図表 3 −11　暦年課税と相続時精算課税制度の比較

	暦年課税制度	相続時精算課税制度
【贈与時の取扱い】		
贈与者	制限なし	60歳以上の父母または祖父母など（注①）
受贈者	制限なし	18歳以上，かつ，贈与者の直系卑属である推定相続人または孫（注①②）
税率	累進税率（10%〜55%）	一律20%
控除額	基礎控除額（各年110万円）	・基礎控除額（各年110万円） ・特別控除額（累計2,500万円）
基礎控除額以下の申告義務	不要	不要
税務署への届出	不要	相続時精算課税制度の適用初年度に，相続時精算課税制度選択届出書の提出が必要
【相続時の取扱い】		
相続財産への加算	・相続または遺贈により財産を取得した者に対する贈与について，相続開始前3年間（令和6年以降の贈与は7年間）のものを贈与時の価額により加算。 ・基礎控除額以下の贈与年であっても，全額加算。 ・令和6年以降の贈与について，相続開始前3年超7年以内のものは，総額100を加算額から控除可能。	・相続時精算課税制度の適用年度以降の贈与について，全て贈与時の価額により加算。 ・基礎控除額以下の贈与年は，加算不要。 ・令和6年以降に贈与により取得した土地または建物について，被災した場合は贈与時の価額から被災価額を控除できる。
債務控除	純資産価額が0円となった場合，生前贈与加算額からの控除は不可	控除可能
贈与税額控除	控除可能（相続税から控除しきれない場合でも還付なし）	控除可能（相続税から控除しきれない場合は還付あり）
贈与者よりも先に受贈者が死亡した場合		受贈者の相続人が，受贈者の権利義務を承継する

注①：贈与年の1月1日における満年齢で判定される。
注②：事業承継税制（特例措置）で一定の要件を満たす場合は，この限りではない。

加算期間が延長され，また，相続時精算課税贈与の基礎控除が新設されたことから，一層の贈与年齢の前倒しが求められる。

2 教育資金の贈与税の非課税規定の活用

エンディングノートの家族状況から，将来的に財産を承継すべき子や孫等がいる場合には，これらの者に対する生前贈与を検討する。その中でも子や孫，ひ孫に対する教育資金の都度贈与は実務上よく目にすることであり，教育資金の一括贈与の特例の活用と併せて，非課税の範囲内で財産移転を図ることが有効である。

(1) 教育資金贈与の留意点

扶養義務者相互間において教育費に充てるために行った贈与により取得した財産のうち通常必要と認められるものについては，贈与税は非課税とされている（相法21の3）。この場合，教育費目的で贈与を受けた現金を一旦預貯金とした場合や，株式又は不動産の購入等の教育費以外の用途に利用した場合は，非課税対象とはならない（相基通21の3-5）。

一方，直系尊属から教育資金の一括贈与を受けた場合の贈与税の非課税規定（措法70の2の2）は，一時期に大きな金額を贈与できるというメリットがあることから，一定期間内に費消する金額のシミュレーションを行い，使い残し（管理残額）が生じない範囲で贈与額を決定することが望ましい。実行の簡便性や課税リスクを考慮すると，教育資金の都度贈与（相法21の3）も利用しやすいといえるが，贈与者が将来，認知症等を発症し，意思能力を失うと，生前贈与を行うことができなくなってしまうため，認知症等のリスクに備えて，教育資金の一括贈与（措法70の2の2）を利用することも考慮する。

(2) 教育資金の贈与税の非課税規定

① 贈与税の非課税財産（相法21の３）

夫婦や親子，兄弟姉妹などの扶養義務者から生活費や教育費に充てるために取得した財産で，通常必要と認められるものは贈与税の課税対象とされない。

② 直系尊属から教育資金の一括贈与を受けた場合の贈与税の非課税（措法70の２の２）

平成25年４月１日から令和８年３月31日までの間に，30歳未満の受贈者が，教育資金に充てるため，金融機関等との一定の契約に基づき，直系尊属から取得した金銭等については，1,500万円までの金額に相当する部分の価額については，原則として贈与税が非課税とされる。ただし，一定の要件に該当する場合には，管理残額に相続税又は贈与税が課税される（図表３－12）。

図表３－12 管理残額に対する相続税の課税関係

課税関係 拠出時期	～H31.3.31	H31.4.1～R3.3.31	R3.4.1～R5.3.31	R5.4.1～
管理残額の相続税課税	課税なし	死亡前３年以内の非課税拠出分に限り課税あり	課税あり	課税あり
23歳未満である場合等に該当	課税なし	課税なし	課税なし	課税あり※
相続税額の２割加算	適用なし	適用なし	適用あり	適用あり

※ 贈与者に係る相続税の課税価格の合計額が５億円以下である場合には、課税されません。

（出典）国税庁「祖父母などから教育資金の一括贈与を受けた場合の贈与税の非課税制度のあらまし」

３ 生命保険を活用する際の留意点

金融資産所有者は相続税の申告において，納税資金が不足することは考えにくいため，生命保険を活用した相続税対策として，非課税枠を活用した相続財産の減少効果，保険料相当額の贈与による相続財産の減少効果が有効である。

エンディングノートの生命保険契約の加入状況に関する記述から，

保険の種類，被保険者及び受取人の状況の確認を行う（図表3 − 13）。

　まずは，資産家の相続開始時において，生命保険の非課税限度額（法定相続人の数×500万円）まで適用されるか確認を行う。そして，非課税限度額まで至っていない場合は，金融資産を終身保険に振り替える。なお，孫への生前贈与は原則として生前贈与加算の対象にはならないが，孫を生命保険の受取人に指定すると，その孫は遺贈によって保険金を取得したこととなるため，相続税の課税対象となり，生前贈与を受けていた場合は，生前贈与加算の対象となるほか，相続税額の2割加算の対象となることに留意する。

　続いては，子や孫などの親族に対する保険料相当額の現金贈与をすることにより，金融資産を切り離すことを考慮する。子や孫へ保

図表3 − 13　生命保険の加入状況

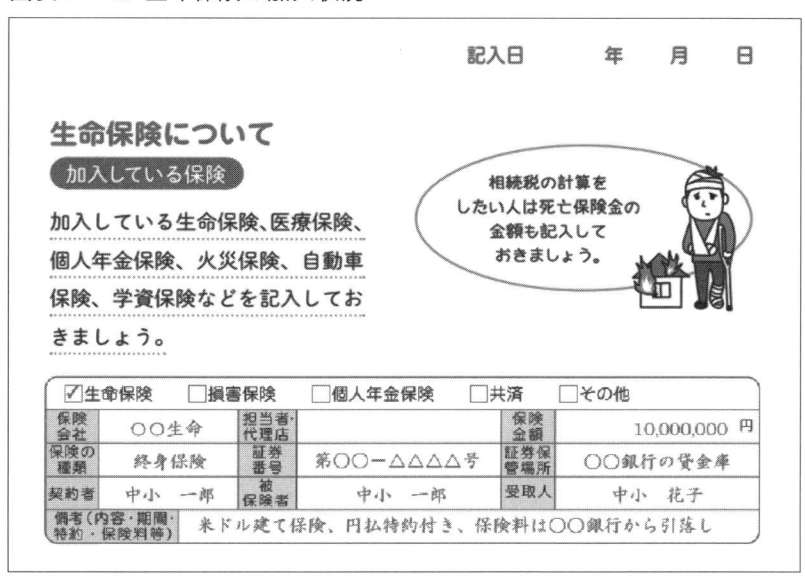

（出典）板倉京・羽田リラ編著『相続手続で困らないエンディングノート』（令和5年，ぎょうせい）29頁に筆者記載例加筆

険料相当額を贈与し，子や孫自身が贈与者を被保険者とする保険契約を交わすことにより，死亡保険金は子や孫の所得税の一時所得（総合課税の対象となるのは2分の1である。）となる。なお，その死亡保険金は相続財産に加算されることはないため，相続税と所得税との税率差を考慮して保険料等を設定すればよい。子や孫への保険料相当額の贈与に当たっては，暦年課税贈与の基礎控除あるいは相続時精算課税贈与の基礎控除の範囲内で行うことがポイントであり，贈与者が高齢の場合は，受贈者は生前贈与加算のない相続時精算課税贈与を選択することが有効である。

なお，保険料の支払能力のない子等に対する保険料相当額の現金贈与については，税務調査において，名義財産と認定されないように，贈与契約書，贈与税申告書，所得税の確定申告等における生命保険料控除の状況，その他贈与の事実が認定できるものなどを整えておきたい。

４ 推定相続人のうちに国外居住者がいる場合の留意点

海外への移住や転勤により国外に居住する者は近年増加傾向にある。相続開始時において，推定相続人のうちに国外居住者がいる場合，国外転出（相続）時課税制度が適用され，思わぬ税負担を強いられる可能性がある。

国外転出（相続）時課税制度とは，相続開始の時において1億円以上の有価証券等（以下「対象資産」という。）を所有している一定の居住者が亡くなり，国外居住者である相続人等がその相続等により対象資産を取得した場合に，その相続開始時に譲渡等があったものとみなし，含み益に対して被相続人に所得税が課税される制度である（所法60の3）。

資産家の相続が開始し1億円以上の対象資産があり，相続人に国外居住者がいる場合，実務上，遺言書がなく，相続開始後4か月以内に遺産分割協議が調わない限り，法定相続分で取得したものとみなされ（相法55），国外転出時課税制度の対象となる。

　したがって，金融資産所有者において，国外居住者である推定相続人がいる場合は，国外転出時課税制度の対象とならないよう，預貯金や不動産の購入等により対象資産からの組み換えを行うことや，国外居住者が対象資産を相続しないような遺言書作成を行う等の備えが必要であろう。

V おわりに

　相続税対策は，資産家のタイプによって検討すべき内容が大きく異なり，詳細なシミュレーションを行う必要もあることから，相続税対策の計画・実行に当たっては，検討内容の抜け漏れがないよう心掛けたい。

　そのため，「〈チェックリスト〉エンディングノート等を用いた相続税対策」（図表3−14）を活用しながら，相続税対策を検討すると良い。

図表 3 −14〈チェックリスト〉エンディングノート等を用いた相続税対策

【オーナー社長】	年月日	チェック
事業承継計画表をもとに事業承継を実行できているか。計画通りに進んでいない場合，定期的に計画を見直すこと。		☐
事業承継税制の活用を検討したか。		☐
事業承継税制の適用を受ける意向の場合，適用要件を満たしているか確認したか。また，納税猶予の取消リスク等についてクライアントに説明したか。		☐
遺留分に関する民法の特例（除外合意，固定合意）の利用を検討したか。		☐
役員退職金規程を整備しているか。また，死亡退職金の受取人について検討したか。		☐
死亡退職金の支給を見据えて，役員報酬を見直したか。また，死亡退職金の相続税の非課税限度額に余剰が生じているか，確認したか。		☐
オーナー社長から後継者への株式移転に備えて，株価対策を検討したか。		☐
個人法人間の債権債務の解消方法を検討したか。		☐
【不動産複数所有者】	年月日	チェック
共有不動産がある場合，共有関係の解消による相続税対策を検討したか。		☐
小規模宅地等の特例による相続税の軽減効果が見込める土地について，同特例の適用要件を充足しているか確認したか。		☐
小規模宅地等の特例が適用可能な不動産が複数ある場合，相続税の軽減効果が最も大きくなるよう，当該特例適用の優先順位を確認したか。 なお，取得者によって，相続税の軽減効果に差異が生ずる場合があるため，適用対象者についても留意すること。		☐
居住用不動産については，贈与税の配偶者控除の適用により，生前に配偶者に贈与することも検討したか。		☐
収益不動産については，相続時精算課税制度の適用等により，生前に後継者に移転（贈与，譲渡）することも検討したか。		☐
所有不動産について，漏れなく該当市区町村から名寄帳を取得等し，所有不動産の漏れがないよう確認したか。		☐
将来的にも利用予定のない土地や，しばらく放置されている地方の土地等の未利用地について，処分することを検討したか。		☐
【金融資産所有者】	年月日	チェック
「暦年課税制度」及び「相続時精算課税制度」によるシミュレーションを行ったか。		☐
贈与税の非課税規定の適用を検討したか。		☐
死亡保険金の非課税枠を有効に活用するため，生命保険料相当額の現金贈与を検討したか。		☐

相続人以外の親族への贈与を検討したか。		☐
推定相続人のうちに国外居住者がいる場合，相続時に国外転出時課税制度の適用を受けることがないよう検討したか。		☐
金融資産の一部を不動産に組み換えた場合，「不動産複数所有者」と同様の論点が生じることを確認したか。		☐

---

❶ 令和６年度与党税制改正大綱「第一 令和６年度税制改正の基本的考え方」では，「贈与・相続時の税負担が生じない制度とするなど極めて異例の時限措置としていることを踏まえ，令和９年12月末までの適用期限については今後とも延長は行わない」とされている。
❷ 中小企業における経営の承継の円滑化に関する法律
❸ 東京地判平成29年10月13日（最高裁平成31年２月21日上告棄却）ほか
❹ 功績倍率法とは，役員の退職の直前に支給した給与の額を基礎として，役員の法人の業務に従事した期間及び役員の職責に応じた倍率を乗ずる方法により支給する金額が算定される方法をいう（法基通9-2-27の３）。

相続税対策を遺言書に
反映する際の留意点

1 税理士としての遺言書案の提案・助言は，相続税の申告書に添付する税務書類の一環として行うものであり，税法に関する部分に限られる。

2 遺言は相続税の生前対策及び相続開始後の相続税対策の集大成を形成するものであり，遺言書の作成に当たっては誤解を招くことのないよう書き記す。

3 付言事項に法的効力はないが，遺言者の資産承継に関する思いを丁寧に織り込むことにより相続対策として有効である。

I はじめに

　冒頭に，筆者がある相続人から相談を受けた事例について紹介したい。

　相談者の母（同族会社役員）が亡くなった。母には，長男T（相談者・同族会社社長），長女F及び二男Nの3人の子がいたが，二男Nは既に亡くなっていたため，相続人は長男T，長女F，二男Nの子の孫Yの3人であった（相続図）。

【相続図】

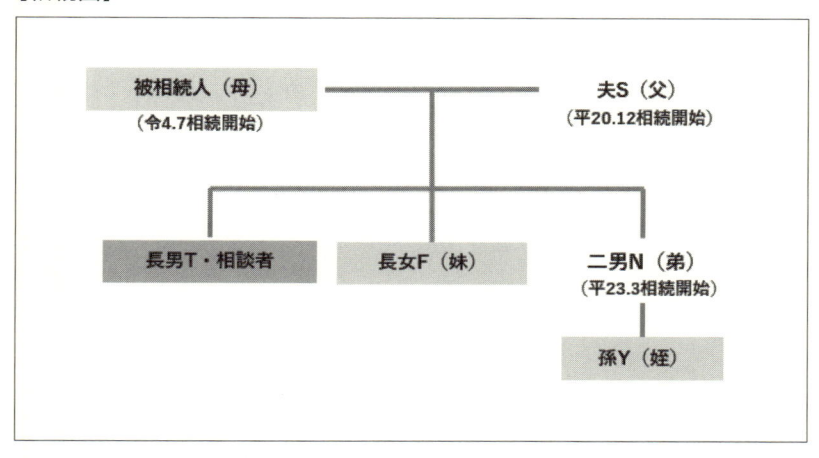

　母の相続財産は，都内に所有していた不動産がほとんどであり，A宅地，同族会社に対する貸宅地，賃貸用ワンルームマンション2室などのほか，自社株式，現金預金であった。母は，公正証書遺言を作成していて，長男Tとの共有であるA宅地（持分5分の4）を長女F及び孫Yにそれぞれ2分の1ずつ相続させ，その他の一切の財産を長男Tに相続させるという内容のものであった。また，遺言

書の付言事項[1]には，「長女Ｆは，夫Ｓが他界して以来すっかり態度が変わってしまい，顔を合わせたこともない状態です。夫Ｓの相続も済み，長男Ｔや二男Ｎからは，夫Ｓの遺産に対して感謝の言葉がありましたが，長女Ｆは一度たりとも夫Ｓの仏前にお参りするでもなく，一周忌・三回忌ともに音信もなく今日に至っています。喧嘩したわけでもないのに，兄弟と音信もなく，年老いた私にまで背を向けている状態に悲しくなります。残された遺産を長女Ｆには渡したくありません。また，孫Ｙは，幼少の頃よりただの一度もおじいちゃん，おばあちゃんと言って遊びにも来ず，成人しても同様で，夫Ｓが亡くなっても一度もお参りも仏壇へ線香を供えることもなく，私としては淋しく不信感を持っています。」などと記述されていた。

　母は，相続財産として複数の不動産を所有していたにもかかわらず，遺言書には，長男Ｔとの共有名義のＡ宅地を，後々揉め事を招きやすい共有分割で長女Ｆと孫Ｙに相続させる旨を，また，遺留分を無視してほとんどの財産を長男Ｔに相続させる旨を記述するとともに，その付言事項に相続人の気を荒立たせるようなことを記述していた。

　相続開始後，遺言書の内容を契機として相続争いに発展し，長女Ｆ及び孫Ｙから遺留分侵害額請求を受けた長男Ｔは，遺留分侵害額請求や相続税の納税に対し多額の資金不足が生じたため，不動産の処分，銀行借入れなどにより対応する結果となった。

　通常，遺言は，相続の生前対策の一環として，遺産分割対策（相続開始後に相続人が揉めないための対策）の機能を持ち，納税資金対策（相続税の納税で困らないための対策）及び相続税の節税対策（相続税額の負担軽減を図るための対策）とともに大きな役割を担

う。

　母の遺言書案の作成において，関与していた税理士が，問題点の洗い出しを行い，相続人間の争いが生じないよう遺留分対策，相続税の軽減対策及び納税資金対策を考慮した内容を提案し，付言事項にも相続人間の争いを招かないよう必要事項を書き込むよう適切なアドバイスを行っていれば，相続争いの防止や円滑な相続税対策を行うことができたと思料する事案であった。

Ⅱ　税理士としての遺言書案の作成

　税理士の業務は，税理士法において，税務代理（税理士法2①一），税務書類の作成（税理士法2①二）及び税務相談（税理士法2①三）と規定されていることから，税理士が顧客から遺言書の作成について依頼を受け，これに直接関わることはない。とはいえ，遺言書は，生前対策としての「相続税の節税対策」及び「納税資金対策」をその書面に織り込む相続税対策としての役割を担い，相続税申告書に添付する税務書類として，遺言書案の提案・助言を行うことはままあることである。税理士としての遺言書案の作成については，あくまでも相続税対策の観点から税法に関する部分に限定して，遺言書に織り込むべき必要な事項を提案・助言することとなる。

Ⅲ　業務スケジュールの確認

　顧客（遺言者）から相続税対策の依頼があった場合，ステップ1

としてエンディングノートやライフノートなどを活用した現状把握を行う。遺言者の家族状況やその者の健康状態のほか，推定相続人又は受遺者への想いを聴き取るほか現有財産・債務を把握し財産一覧を作成する。また，相続の対象となる財産の分割案など綿密に聴き取る。

次いで，ステップ2としてステップ1を踏まえた相続税の節税に向けた各種の特例の適用の可否の検討，生前対策を行った場合と生前対策を行わなかった場合とでの税負担額[2]の違いについてシミュレーションを行い，今後，遺言者の相続開始までの間に行うことが可能な生前贈与対策を提案し遺言者と共有する。また，シミュレーション結果に基づき，納税資金に不足がないか確認し，不足すると見込まれるときは，納税対策などの検討を行う。

そして，ステップ3として，ステップ2を踏まえた今後の相続税の生前対策の実行という流れになろう。具体的な生前対策の実施例として，名義預金の整理，生前贈与，小規模宅地等の特例の適用に向けた対応など共通的な対策のほか，オーナー社長であれば名義株式の整理や自社株式の承継対策，不動産複数所有者であれば相続開始後の不動産活用を踏まえた対策，金融資産所有者であれば所有財産の組み換えなど，それぞれ固有の対策を行うこととなる。なお，オーナー社長や不動産複数所有者のうち金融資産が少ない場合は，納税資金対策や遺留分対策を行うことも考慮する。

その後，ステップ4として，ステップ3の生前対策の実施状況を確認した上で，遺言書案の提案・助言を行い，遺言執行者の選任の要否も検討の上，遺言書の作成まで導くこととなる。さらに，ステップ5で遺言書の見直しを行う。

なお，遺言者の年齢によっては，ステップ2の段階で遺言書の提

案を行うこともあろうし，ステップ３の期間を十分に確保できない場合もあるので，遺言者と相談しながら時機を逃さない対応が必要となる（図表４−１）。

図表４−１ 業務スケジュール

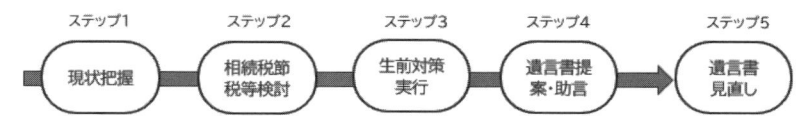

ステップ1	ステップ2	ステップ3	ステップ4	ステップ5
現状把握	相続税節税等検討	生前対策実行	遺言書提案・助言	遺言書見直し

【顧客からの依頼】

	確認事項等	
ステップ1	遺言者の想い・家族状況を聴取・親族関係図を作成	
	現有財産及び債務を把握・財産一覧を作成	ライフノート，エンディングノートを活用する
	財産の分割案を聴取・名義財産についても検討	
ステップ2	相続税の節税に向けた各種特例の適用の可否について検討	
	生前贈与を行った場合・行わなかった場合の税負担額をシミュレーション	
	特例の適用を踏まえ相続開始までに可能な生前対策を協議	

【生前対策の実施】

	オーナー社長	不動産複数所有者	金融資産所有者
ステップ3	名義株式の整理	小宅の適用に向けた対応	名義預金の整理
	自社株承継対策	取得費加算の特例対応	財産の組み換え
	退職給与・弔慰金規程の確認	空き家特例対応	生前贈与（相続人・相続人以外）
	納税資金対策	納税資金対策	国外財産の対応
	遺留分対策	遺留分対策	

【遺言書案の提案・助言】

	確認事項等		
ステップ4	特例の適否を踏まえた相続税額を試算		
	遺言書案の文案・付言事項を作成		
	オーナー社長	不動産複数所有者	金融資産所有者
	【文案1】後継者の会社支配権を確保	【文案7】代償分割の例	【文案14】名義預金の整理
	【文案2】相続人以外に自社株式を遺贈	【文案8】換価分割の例	【文案15】持ち戻し免除
	【文案3】法人に対する貸宅地を遺贈	【文案9】小宅（共同相続人間の合意）	【文案16】相続人以外の者への遺贈
	【文案4】法人に対する貸付金を放棄	【文案10】小宅（節税効果）	【文案17】公益法人への遺贈
	【文案5】非上場株式の納税猶予	【文案11】取得費加算の特例対応	国外財産に対する対応
	【文案6】死亡退職金の利用	【文案12】配偶者居住権を遺贈	【文案18】国外転出時課税
		【文案13】不動産の物納	
	共　通		
	【文案19】遺言執行者選任の要否を確認・遺言執行者を指定		
	遺言書の種類について確認（公正証書遺言の作成手数料を確認）		

【遺言書の見直し・書き換え・助言】

	確認事項等
ステップ5	【文案20】遺言書の見直し・書き換え
	（相続人の異動状況を確認）
	（特例適用の可否を確認）

Ⅳ　相続税対策を遺言書に反映する際の留意点

　遺言は，相続税の生前対策及び相続開始後の相続税対策としての集大成を形成するものであり，遺言書に記載する内容は，誤解を招くようなものであってはならない。

　遺言を作成する場合は，民法で定められた方式（民法 967，968，969，970等）を満たす必要があるほか，遺言者は，遺言をする時において遺言能力を有しなければならない（民法 963）とされているので，この点についても留意する。

遺言書の提案に相続税対策を織り込むに当たっては，これまで行った生前対策，今後の遺言者の相続開始までの生前対策を踏まえた上で，さらに相続開始後の相続税の申告，所得税の確定申告おいて各種の特例等が適用できるよう，必要な項目を洗い出し，適用の可否を検討するなどして備えることが不可欠である。共同相続人間において，申告期限までに遺産分割が調わないと特例が使えなくなり，相続税額に大きく影響するので，遺言書を遺すことは，その対策としても有効である。

　また，遺言書の付言事項は法的効力を有しないものの，遺言者の想いを記載することによって，相続人は遺言者の気持ちを推し測ることが可能である。感謝の気持ちや家族への願い，財産分けの趣旨などを書き遺すことによって，共同相続人間の紛争の防止の一助を担うことができると思料する。相続税申告書の作成に当たり，法人税・所得税等の顧問税理士とは別の税理士に依頼する相続人も時として見受けられる。したがって，遺言書の付言事項に相続税対策に関する記述を織り込むことによって，はじめて相続税申告の作成依頼を受けた税理士は，特例の適用や特定の相続財産を特定の者に相続させる趣旨などを容易に知ることができるので，この点からも有効である。

　本章のテーマである「相続税対策を遺言書に反映させる際の留意点」として，オーナー社長，不動産複数所有者及び金融資産所有者にグループ化し，それぞれ遺言書の文案を交えて解説等を行うが，これらの三者はそれぞれ独立しているわけでもなく，重なり合う部分が多々ある（図表4－2）。また，これらのグループごとに解説している特例の適用に関する項目や留意点等についても，他のグループにも当てはまるものもあるので確認されたい。

図表 4 - 2 三者の関係図

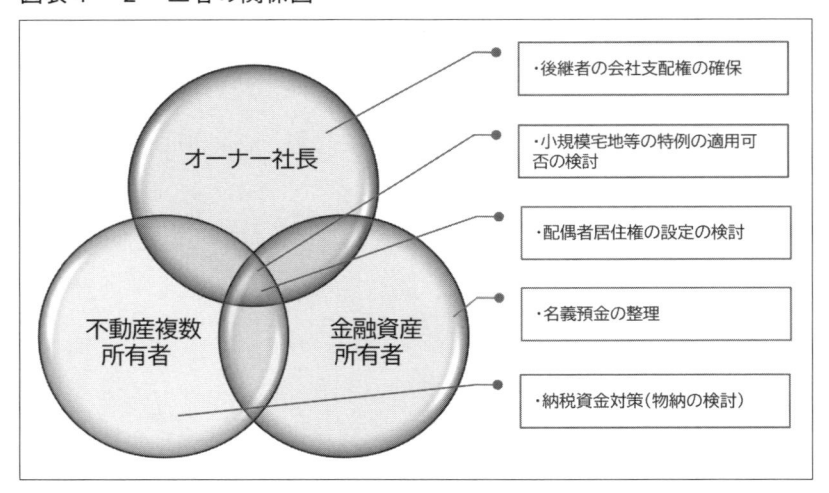

1 オーナー社長

　遺言者がオーナー社長の場合は，途切れることのない円滑な事業承継が課題である。そのため，早いうちに後継者を決定し，どのタイミングで，どれだけの自社株式を承継するのかの検討を行う。そのため，自社株式の承継において発生する税負担のシミュレーションが欠かせない。

　後継者の支配権の確保，相続税の引き下げ対策を行うほか，金融資産が十分でない場合には納税資金対策及び遺留分対策に対する対応を講じ，相続開始後，後継者が円滑なスタートを切れるよう努める。

(1)　後継者の会社の支配権を確保する

　相続対策を何ら行わず，オーナー社長の相続が開始した場合，共同相続人間の遺産分割協議が調わず，自社株式が相続人等に分散するなどして，安定的な会社経営に支障を来たすおそれがある。オー

ナー社長にとっては，次代において，安定的な会社経営が図られるよう，後継者を定め，自社株式を円滑に承継することが課題となる。会社経営の根幹に関わる重要事項を決議する株主総会の特別決議については，議決権を行使することができる株主の議決権の過半数を有する株主が出席し，出席した株主の議決権の3分の2以上に当たる多数をもって行わなければならない（会社法309②）とされている。したがって，後継者が安定的に会社経営を行うためには，後継者に総株数の3分の2以上の株式を承継できるようにすることが望ましい。ただし，遺言者の所有株数を相続させても3分の2に満たない場合は，最低でも過半数となるよう相続させるようにしたい。

　なお，総株数に誤りがあると，相続させる株式の割合も違ってくるので，株数の把握に当たっては漏れのないよう注意する。

文案1　支配権を確保するための例

> 第○条　遺言者は，遺言者が有する次の株式のうち長男○○（昭和○年○月○日生）に2,100株，長女○○に300株を相続させる。
>
> 　　株　　式
>
> 　　種　　類　　　○○株式会社（本店所在地○○）の株式
>
> 　　株　　数　　　2,400株
>
> 第●条　付言
>
> 　上記の株式を相続させる趣旨は，○○株式会社の総株式数3,000株の3分の2以上を長男に相続させることにより，会社の支配権を確保するためです。

(2)　相続人以外の者を後継者として自社株式を遺贈する

　相続人以外の者が自社株式を遺贈により取得したときは，相続人

が取得したときと比べ，税負担が増えることがある点に留意する。

相続人に後継者としてふさわしい者がいない場合には，同族関係者，役員・従業員からの昇格，あるいは外部招聘など親族外の者を検討することとなる。遺言者の相続開始によって相続人以外の者に株式を承継する場合には，遺言が一般的である[3]。

相続人以外の者を後継者として全株式あるいは株式の一部を遺贈し，遺贈を受けた後継者が相続税を負担するときは，相続税額の2割加算の適用（相法18①）がある。このような相続税の負担に備え，納税資金対策として相続人以外の者を死亡退職金の受取人に指定したり，納税資金を別途贈与したりするなどの対応も考えられる。なお，相続人以外の者が死亡退職金を取得した場合は，死亡退職金の非課税枠（相法12①六）を使えないことにも留意する。

文案2 相続人以外の者に株式を遺贈する例

第○条　遺言者は，遺言者が有する株式会社○○（本店所在地○○）の株式○○株を次の者に遺贈する。

　　　住　　　所　　東京都中央区八重洲○－○－○

　　　職　　　業　　株式会社○○取締役

　　　氏　　　名　　○○　○○

　　　生年月日　　昭和○年○月○日生

第●条　付言

遺言者の相続開始後，上記の者を会社経営の後継者とするため，株式を遺贈するものです。別途，同人に対し支給される死亡退職金を納税資金に充ててください。

　オーナー社長が所有する同族法人に対する貸宅地を相続人に遺贈する場合は，オーナー社長と同族法人間の契約形態によって，宅地の評価額が変わるので注意を要する。

　オーナー社長所有の宅地に同族法人が社屋を建て，会社経営を行っているケースはよくある。社長個人の宅地に係る法人との契約が使用貸借であるか賃貸借であるか，また，それぞれの契約につき「土地の無償返還に関する届出書」を税務署に提出しているか否か等によって，その宅地の相続税評価額が異なる。また，同族法人の借地権の評価額も変わってくるので自社株式の評価額にも影響する。

　オーナー社長と法人間において，長期間にわたり契約書を作成せずに使用貸借であるかのような場合であっても，過去に法人から個人への権利金の支払があり借地権がある可能性もある。法人設立当時から宅地の所有者の異動状況を踏まえたところで，法人税，所得税の決算・申告状況などからこの検討を行う。借地権がある場合は，図表4－3⑤のとおり，地主は自用地評価額から借地権相当額を控除した価額を底地評価額とする一方，法人は借地権相当額を自社株式の評価額に反映させることとなる。図表4－3①から④のうち①及び③は，地主が権利金を収受せずに相当の地代も収受しない場合において，法人が借地権の認定課税を回避するため，税務署に「土地の無償返還に関する届出書」を提出するケースである。法人に借地権を設定する場合でも，同届出書を提出することによって，地主の底地評価額は①自用地評価か②自用地の80％となる。なお，同届出書を税務署あてに提出していたことを失念し，自用地評価額から借地権相当額を控除して相続税を申告すると，じ後に税務署から指摘を受け，自用地の80％の評価額で是正され，本税のほか加算

図表4-3　地主（個人）・借地人（法人）の場合の相続開始時の評価額

			相続開始時	
	土地の無償返還に関する届出書等		地主（個人）底地価額	借地人（法人）借地権価額
使用貸借	権利金の収受なし	①提出あり	自用地評価	借地権価額はゼロ
		②提出なし	自用地評価×（1－借地権割合）	自用地評価×借地権割合
賃貸借		③提出あり	自用地評価×80％	自用地評価×20％
		④提出なし	自用地評価－Ⓐ	Ⓐの価額
	⑤通常の権利金を収受する場合		自用地評価×（1－借地権割合）	自用地評価×借地権割合

(注)　1　賃貸借の③及び④は，権利金を全く収受せず，相当の地代を収受しない場合とする。
　　　2　④において，「自用地評価－Ⓐ」が「自用地評価×80％」を上回る場合は，「自用地評価×80％」による。

$$Ⓐ＝自用地としての価額 × 借地権割合 × \left(1 - \frac{実際に支払っている地代の年額 - 通常の地代の年額}{相当の地代の年額 - 通常の地代の年額}\right)$$

(出典) 笹岡宏保著『財産評価の実務❶』清文社より筆者一部加工

税及び延滞税を追徴される可能性が高いので注意を要する。

　上記のような事態を回避するため，法人に借地権が設定されている可能性があるなら，その根拠となる事実関係を遺言書に書き記すことも有効である。

文案3　法人に対する貸宅地を相続人に遺贈する例

第○条　遺言者は，遺言者が○○株式会社（本店所在地○○）

　に対して賃貸している次の宅地を長男○○に相続させる。

　　土　　地

　　所　　在　東京都中央区○○

　　地　　番　○番

　　地　　目　宅地

　　地　　積　120.0㎡

　上記土地は，昭和○年の会社設立当時から会社に賃貸しています。会社の設立があった昭和○年分の遺言者の父○○の所得税の確定申告書の控えには，権利金○○万円が不動産所得の収入金額として記載されています。また，平成○年に父○○が亡くなった際の相続税の申告書には，上記土地の評価額につき，自用地評価額から借地権価額を控除した価額として記載されています。

⑷　同族法人に対する貸付金を放棄する

　相続税の軽減対策として，自社に対する貸付金の放棄がある。

　オーナー社長が自社に対する貸付金を有する場合，その貸付金は相続財産として相続税の課税対象となる。会社の経営状況からして，その回収が困難であると見込まれるときは，貸付債権の放棄を検討する。貸付債権を放棄することによって，その貸付金相当額を相続財産に計上する必要がないため相続税の軽減策として有効である。一方，債権放棄を受けた法人は放棄を受けた額が法人の受贈益として法人税の課税対象となる（法法22）。同族株主はオーナー社長が債権放棄を行ったことによる株式の価値の増加に対する課税が生じる（相法9，相基通9－2⑴）が，債務免除益を超える繰越欠損金がある場合には課税関係は生じない。なお，法人に対して金銭を遺贈する場合も，オーナー社長自身の相続財産は減少するため相続税の軽減効果が見込まれる一方，法人は受贈益を計上するため，同族会社株主の株価は上昇するが，債務免除益を超える繰越欠損金がある場合には課税関係はが生じないため有効である。

文案4　自社に対する貸付金を放棄する例

> 第○条　遺言者は，遺言者が○○株式会社（本店所在地○○）
> に対して有する次の貸付金債権を放棄する。
> 　　　貸　付　金　　○○万円
> 　　　貸　付　日　　平成○年○月○日
> 　　　利　　息　　年○％
> 第●条　付言
> 　　○○株式会社の経営状況から上記貸付金の回収は困難と見込
> まれるため，貸付債権を放棄するものです。

(5)　非上場株式等について相続税の納税猶予を受ける

　自社株式（非上場株式等）に係る相続税の納税猶予を受けるためには，相続開始後，関係の手続きを速やかに進める必要がある。

　つまり，その非上場株式を取得し一定の要件に該当する相続人（措法70の7の6②七）は，相続開始の翌日から8か月以内に都道府県知事に対して認定申請書を提出（円滑化法規則7⑥）し，その認定書を添付して相続税の申告書を期限内に提出しなければならない（措法70の7の6①）。都道府県知事への認定申請書の提出に当たっては，遺産分割協議書又は遺言書の添付が必要であるため，遺言書がない場合は，認定申請書の提出期限までに共同相続人間で遺産分割協議を終えることを要する。遺産分割協議が長期化して納税猶予の特例を受けることができないことも有り得るので，このような場合に備え，遺言書で自社株式の承継について明記しておくことが有効である。

文案 5　遺産分割協議を考慮し長女に全株式を相続させる例

> 第○条　遺言者は，遺言者が有する○○株式会社（本店所在地
> 　○○）の全株式を長女○○に相続させる。
> 第●条　付言
> 　上記の株式を相続させる趣旨は，長女を私の後継者とするた
> め全株式を相続させるとともに，相続税の納税猶予の申請手続
> を期限内に終えるためです。

⑹　役員死亡退職金を遺留分対策等として利用する

　後継者への自社株式の承継に当たっては，遺留分に注意を要する。

　後継者の一人に全株式を相続させ，他の相続人の遺留分を侵害し
たときは，遺留分侵害額の請求をされる可能性がある。請求を受け
た受遺者は金銭で負担しなければならない（民法1046①）ため，死
亡退職金の活用が有効である。

　死亡退職金を遺留分対策として利用するために，まずは役員退職
給与規程の受取人を確認する。後継者を受取人に指定し遺留分対策
とすることも一案であるが，遺留分権利者が遺留分相当額を受け取
れるように同規程を見直すことも考慮する。

　オーナー社長が死亡退職金の受取人を指定できるようにしておく
ことによって，オーナー社長は遺言で受取人を指定できるため，株
式の承継に併せた遺留分対策において，柔軟な対応が可能となる。
また，相続人以外の者を後継者とする場合は，納税資金対策として，
死亡退職金を活用することも有効である（前記⑵参照）。

　相続人が死亡退職金を受給した場合には，死亡退職金の非課税枠
（相法12①六）を使えるほか，死亡退職金の支給は，相続財産とし
て計上する自社株式の評価額を引き下げる対策としても有効である。

文案 6 死亡退職金を遺留分対策として利用する例

第○条　遺言者は，遺言者が有する○○株式会社（本店所在地
　　○○）の全株式を長女○○に相続させる。

第○条　遺言者は，次の死亡退職金について，次のとおり受取
　　人を指定する。

　　　死亡退職金　支　払　者　　○○株式会社
　　　　　　　　　死亡退職金　　○○万円
　　　　　　　　　死亡退職者　　遺言者
　　　　　　　　　受　取　人　　長女○○2分の1
　　　　　　　　　　　　　　　　長男○○2分の1

第●条　付言

　　長女に全株式を相続させ会社経営を承継することとしてます
　が，長男及び長女の納税資金を考慮し，長女及び長男を受取人
　としました。

② 不動産複数所有者

　不動産複数所有者は，相続に備え，複数ある不動産をグループ化
しておくことが肝要である。つまり，居住用として先代から次代へ
確実に残す不動産，収益物件として残す不動産，納税資金に充てる
ために売却や物納を行っても差し支えない不動産など，それぞれ見
当を付けグループ化しておく。

　相続人が複数人いる場合，複数の不動産を誰に相続させるかが課
題となる。グループ化した不動産を共同相続人に対し，どのように
分割するかの検討に加え，小規模宅地等の特例の適用に関する検討，
譲渡所得税の特例の適用に関する検討を併せて行う。

　相続税の節税効果を得るために，金融資産を不動産に組み換えた

結果，納税資金や遺留分対策のための資金が不足する事例も多々見受けられることから，これらに対応するための対策を行っておく。

　なお，配偶者居住権の遺贈については，不動産複数所有者に限った措置ではないが，不動産に関連する権利であることから，ここで解説することとする。

(1)　不動産の分割方法

　不動産複数所有者は，相続の開始に備え，所有する不動産の利用状況等に応じて，特例の適用の可否の検討を行うほか，共同相続人間で相続争いが生じないよう分割方法の検討を行う（図表4－4）。

　まずは，複数ある不動産を分割せずに現物分割により共同相続人間に相続が可能か検討する。不動産の立地条件や収益物件であるかなどを考慮し，共同相続人間に不公平感が生じない場合は，現物分割が有効である。不動産のほか一定額の金融資産を所有している場合は，不動産の現物分割による不公平感を解消する方策として，金融資産の相続分を調整した内容を遺言書の条項に織り込むことも有効である。

　次に，現物分割による分割で共同相続人間に不公平感を解消できないときは，遺産を過度に取得した相続人がその代償として，取得額が不足する相続人に代償金を支払う代償分割で対応することを検討する。

　代償金の調達が困難であり，相続財産を譲渡し，その譲渡代金を分割する換価分割においては，相続財産を譲渡した際に発生する諸費用について譲渡代金から控除し，その残額を分配する旨を遺言書の条項に織り込むことによって，遺言者の意思を反映した相続分を各相続人に相続させることができるほか，相続税の申告業務においても諸費用の負担者の確認が不要となるなどのメリットがある。

なお，共同相続人に不動産を共有分割として相続させる旨の遺言は，相続人間の不公平感は生じにくいというメリットがある一方，不動産の処分や活用に関し共有者の合意を得なければならない（民法251，252）などデメリットが大きい。

　加えて，共有者の相続開始によって新たな相続人が現れるなど共有者間の争いに発展する可能性があるので，出来る限り共同分割は回避することが望ましい。

図表 4 - 4　遺産分割の方法❺

分割方法	内　容
①現物分割	各財産を特定の相続人に割り振る。土地や預金のように物自体を分割することが可能である場合には，物自体を分割して帰属させることもできる。遺産の大半が不動産であるような場合には，この方法のみで相続人間で平等に分割することが難しいことが多くなる。
②代償分割	特定の相続人が遺産を余分に取得する代償として，取得が少ない相続人に代償金を支払う。代償金の支払いが可能である必要がある。小規模宅地等の特例の適用などを考慮して，採用されることもある。
③換価分割	遺産を全員で換価して代金を分割する。
④共有分割	遺産を相続人の共有状態とする。遺産分割前も共有状態である が，遺産としての性質を失わせ，通常の共有状態とする。財産の処分・賃貸において，相続人間で同意する必要があり，分割後の処分・管理が困難になることがある。

（出典）税理士法人チェスター・CST法律事務所著『令和6年度版 相続税・贈与税コンパクトブック』第一法規

文案7　代償分割の例

　第○条　遺言者は，遺言者が有する次の土地1及び土地2を長女○○（昭和○年○月○日生）に，土地3を次女○○（平成○年○月○日生）に相続させる。

①土　　地1

　所　　在　○市○町○丁目

　地　　番　○番

地　　　目　　宅地

　　　地　　　積　　○.○㎡

②土　　地２

　　　（土地の表示は割愛）

③土　　地３

　　　（土地の表示は割愛）

第○条　長女○○は，前条に記載する土地１及び土地２を相続

　　することの代償として，次女○○に○○万円を支払う。支払

　　期限は遺言者の相続開始のときから○か月以内とする。

第●条　付言

　　遺言者の土地を姉妹に均等に相続できないため，長女に土地

　　１及び土地２を，次女に土地３を，それぞれ相続させる。長女

　　の取り分が多いので土地２を売却して次女に対する代償金に充

　　ててください。土地１に小規模宅地等の特例を適用し，土地２

　　に譲渡所得の取得費加算の特例を適用すると，トータルとして

　　の税金の負担額が最も少なくなります。

文案８　換価分割の例

第○条　遺言者は，遺言者が有する次の土地を換価処分させ，

　　その換価代金から，換価に関する一切の費用（不動産仲介手

　　数料，登記費用，譲渡所得税等）及び換価が完了するまでに

　　要する管理費用等を控除した残額を，長女○○（昭和○年○

　　月○日生）及び次女○○（平成○年○月○日生）に各２分の

　　１の割合で相続させる。

　　　土　　　地

```
所　　在　○市○町○丁目
地　　番　○番
地　　目　宅地
地　　積　○.○㎡
```

(2)　小規模宅地等の特例等の適用となる宅地等の検討

　不動産複数所有者の相続税の節税対策として最も効果的なものに小規模宅地等の特例の適用がある。特定居住用宅地等，特定事業用宅地等，特定同族会社事業用宅地等又は貸付事業用宅地等それぞれの区分によって，限度面積及び減額される割合が異なる。特例の適用対象となる宅地の限度面積はそれぞれの区分ごとに全国一律であるから，単位面積当たりの評価額が高額な首都圏や都市部の宅地に特例を適用するほど相続税の軽減効果が大きい。また，納税資金が不足すると見込まれ，相続開始後，不動産の譲渡代金から賄おうとする場合には，譲渡所得の特例の適用についても検討する。これらの特例を有効に利用するため，遺言書作成時における宅地の利用状況，推定相続人，受遺者，相続後の利用状況などに応じて相続税及び所得税の特例の適用の可否を検討の上，適用対象となる宅地及び適用を受ける予定者としての推定相続人，受遺者を決定する。

(3)　小規模宅地等の特例（共同相続人間の合意が難しいと見込まれる場合）

　小規模宅地等の特例の適用を受けようとするときは，相続税の申告期限までに，特例の対象となる宅地等について，分割されていることが要件とされている（措法69の４④）。また，小規模宅地等の特例の適用対象となり得る土地が複数ある場合には，その全ての取

得者の同意を得て，特例の対象の土地を定める必要がある（措令40の2⑤三）。このため，相続税の申告期限までに共同相続人間の遺産分割協議が調わないと見込まれる場合には，対象となり得る土地を一人の相続人に相続させる旨の遺言が有効である。

文案9　申告期限までに遺産分割協議が調わないことを見据え長男に対象土地を相続させる例

第○条　遺言者は，遺言者が有する次のすべての土地を長男○○（昭和○年○月○日生）に相続させる。

①土　地1

　　所　　在　○市○町○丁目

　　地　　番　○番

　　地　　目　宅地

　　地　　積　○.○㎡

②土　地2

　　所　　在　●市●町●丁目

　　地　　番　●番

　　地　　目　宅地

　　地　　積　●.●㎡

第●条　付言

　遺言者の土地のすべてを長男に相続させる趣旨は，相続税を大きく減額することができる小規模宅地等の特例の適用に当たり，申告期限までに適用対象土地を指定する合意ができないことに備え，長男が単独で特例対象の土地を決めることができるようにするためです。

(4) 小規模宅地等の特例（共同相続人がいる場合の特定居住用宅地等の有利適用）

　配偶者の二次相続を踏まえ，小規模宅地等の特例を効果的に適用できる場合があるので留意する。

　遺言者と同居する配偶者と子がいる場合，どちらの者が居住用不動産を相続しても小規模宅地等の特例（特定居住用宅地等の特例・宅地の80％が減額）の適用を受けることができる（措法69の4①）。しかし，配偶者は，配偶者の税額軽減により，1億6千万円か配偶者の法定相続分相当額のいずれか多い金額まで相続税が課税されない（相法19の2）ことから，配偶者が相続税を納税しないケースでは，配偶者が居宅に係る宅地を相続し小規模宅地等の特例を適用したとしても同特例の適用による節税効果は限定されることとなる。したがって，遺言者と同居する配偶者と子がいる場合，子に相続させることで同特例の節税効果を最大限に得ることが可能である。また，宅地の面積が330㎡を超える場合は，同特例の適用面積は330㎡が上限となるため，配偶者と子の共有として，超えた部分を配偶者に相続させることにより，二次相続に備えることができる。

文案10　小規模宅地等の特例の適用により最大限の節税を図る例

> 　第○条　遺言者は，遺言者が有する次の土地について，持分
> 　　100分の82.5を長女○○（昭和○年○月○日生）に，持分100
> 　　分の17.5を妻○○（昭和○年○月○日生）に相続させる。
> 　　　土　　地
> 　　所　　　在　　○市○町○丁目
> 　　地　　　番　　○番
> 　　地　　　目　　宅地

地　　積　400.0㎡

第●条　付言

　上記の割合で土地を相続させる趣旨は，長女に持分100分の82.5（330㎡）を相続させることにより，一次相続で限度面積の330㎡，二次相続で330㎡を超える70㎡に小規模宅地等の特例を適用し，最大限に相続税額の節税を図るためです。

⑸　小規模宅地等の特例（対象不動産の売却を検討している場合）

　相続開始後に譲渡見込みの不動産がある場合には，小規模宅地等の特例の適用について注意を要する。

　相続又は遺贈により土地，建物，株式など譲渡所得の対象となる財産を取得した者が，その財産につき相続税が課税されている場合，相続税の申告期限の翌日以後３年を経過する日までにその財産を譲渡したときは，相続税の取得費加算の特例を適用できる（措法39）。例えば，納税資金に充てるため相続開始後に譲渡しようと見込んでいる宅地がある場合（後記⑺参照），その譲渡の対象となる宅地に小規模宅地等の特例を適用すると，その対象となる宅地に係る相続税額が減少するため，同特例を適用しない方が有利となる場合もある。このため，遺言書の付言事項には，譲渡の対象不動産を特定の相続人に相続させる旨，譲渡の対象不動産につき小規模宅地等の特例を適用すると取得費加算額が減少する旨について記載する。

文案11　対象不動産を売却することを前提に小規模宅地等の特例を適用させない例

　第○条　遺言者は，遺言者が有する次の土地を長男○○（昭和　○年○月○日生）に相続させる。

土　　地

　　所　　在　○市○町○丁目

　　地　　番　○番

　　地　　目　宅地

　　地　　積　○.○㎡

第●条　付言

　　上記の土地は，相続税の納税資金に充てるために売却することを前提に，長男に相続させることにしました。私の死後，3年以内に売却することによって，譲渡所得課税の取得費加算の特例を適用することができます。売却対象の土地に小規模宅地等の特例を適用すると取得費に加算する相続税相当額が減少し所得税が増えるので注意してください。

(6)　配偶者居住権を遺贈する

　配偶者の二次相続に備えた相続税の軽減対策として，配偶者居住権の設定は有効である。

　配偶者居住権設定の前提要件として，被相続人が建物を所有していたこと，配偶者が相続開始時に居住していたことが必要である。配偶者居住権の設定方法には遺贈，遺産分割協議及び家庭裁判所の審判がある。配偶者居住権を設定する主な場面としては，①二次相続で配偶者居住権が消滅することを利用し，相続税対策として用いるケース，②居宅以外の金融資産が限定されていて，配偶者が居住建物の所有権を取得することに対し，配偶者以外の相続人（長男・長女）が自身の法定相続分による取り分を主張し，配偶者が他の金融資産を取得できなくなり，今後の生活に支障を来たすというケース，③遺言者に後妻と先妻の子がいて，後妻の生存中は自宅に後妻

を住まわせたいが，後妻の死後，先妻の子に自宅を承継させたいというケースなどがある。遺言で設定する場合には，「妻Ａに建物Ｘに係る配偶者居住権を遺贈する」といった記述をする。妻Ａに「相続させる」ではなく「遺贈する」と記載するのがポイントで，「相続させる」遺言（特定財産承継遺言）では，設定できない。これは，遺贈であれば設定を望まない配偶者が放棄できるためとされている。

　配偶者居住権は，賃借権の設定の登記に準じて，配偶者居住権を取得した配偶者を登記権利者として，建物の所有権登記名義人を登記義務者とする共同申請により行うこととなる。このため，その建物の所有者が配偶者居住権の設定の登記を行う前に第三者に譲渡し所有権移転登記を行った場合，配偶者はその第三者に対抗できないこととなる。このような場合に備え，遺言書に遺言執行者を指定しておくことによって，配偶者と遺言執行者の共同申請で登記を行うことが可能となる（本章Ⅳ **4**(1)参照）。

　なお，配偶者居住権の設定は相続税対策にはなるものの，その設定された建物等を賃貸もしくは売却する際，配偶者居住権を消滅させる必要が生じ，場合によっては贈与等も発生するので慎重に検討したい。

文案12　配偶者居住権を遺贈する例

> 第○条　遺言者は，遺言者の妻○○（昭和○年○月○日生）に，
> 　遺言者が所有する次の建物の配偶者居住権を遺贈する。
> 　　建　　物
> 　　所　　　在　　○市○町○丁目○番地
> 　　家屋番号　　○○－○－○
> 　　種　　類　　居宅

構　　造　木造スレート葺平屋建

　　　床　面　積　一階　○.○㎡

第○条　遺言者は，遺言者の妻○○に，遺言者が有する次の預

　　金債権を相続させる。

　　　○○銀行○○支店普通預金 名義 遺言者○○

　　　口座番号XXXXXXX

第○条　遺言者は，遺言者の長女○○（昭和○年○月○日生）

　　に，前々条の配偶者居住権付の建物を相続させる。

第○条　遺言者は，遺言者の長女○○（昭和○年○月○日生）

　　に，次の土地の所有権を相続させる。

　　　（土地の表示は割愛）

第●条　付言

　　遺言者の妻○○には，将来の不安なく自宅に住み続けてほし

　いと思い，配偶者居住権と金融資産を相続させることにしまし

　た。妻が亡くなった際には配偶者居住権は消滅することとされ

　ているので，相続税対策としても有効です。長女○○はこの趣

　旨を理解し，お母さんの面倒をみてください。

(7)　納税資金対策（延納，物納をする場合）

　相続財産のほとんどが不動産で納税資金が不足すると見込まれる

ときは，相続開始後，納税資金用に充てるとしてグループ化した不

動産の売却を検討することとなるが，売り主の思惑通りに売れると

は限らない。このため，相続税の延納や物納の要件を満たすか否か

の検討を行う。

　金銭による納付が困難で物納を行おうとする場合，相続税の納期

限又は納付すべき日までに物納申請書に物納手続関係書類を添付し

て税務署長に提出しなければならない（相法42①）ことから，その期限までに，物納の対象となる財産を選定し，遺言又は遺産分割によって所有権を確定させておく必要がある。物納可能な不動産がある場合には，共同相続人の現有資産の状況を確認し，物納の要件を満たす可能性がある者がいるかどうかの検討を行う。金銭納付が困難と見込まれる相続人には，あえて金融資産を相続させず，物納の対象となる不動産を相続させることにより，不動産の物納が認められる可能性がある。

　なお，物納申請が認められ，超過物納に該当すると見込まれる場合は，その旨を付言事項に記載し，じ後に備える。

文案13　対象土地を物納させる例

> 第○条　遺言者は，遺言者が有する次の土地を次女○○（昭和
> 　○年○月○日生）に相続させる。
>
> 　　土　　地
> 　　所　　　在　○市○町○丁目
> 　　地　　　番　○番
> 　　地　　　目　宅地
> 　　地　　　積　○.○㎡
>
> 第●条　付言
>
> 　上記の土地は，相続税の物納をすることを前提に，次女に相続させることにしました。物納が認められた場合，相続税額を超えると見込まれます。相続税額を超える部分については，譲渡所得課税の対象とされますが，特例の適用により一定の軽減措置を受けることができます[5]。

❸ 金融資産所有者

　金融資産所有者がオーナー社長や不動産複数所有者と異なるところは，金融資産の中でも大きなウェイトを占める現金・預金は資産そのものの名義変更などの手続きを経ずに推定相続人あるいは推定相続人以外の者（子の配偶者や孫）へ移転できるので，生前贈与が行い易いということである。次代への生前贈与によって相続税の軽減を図ることが可能である。

　生前贈与に当たっては，贈与者の相続開始時において，暦年課税贈与については相続開始前7年以内に行った贈与を，相続時精算課税贈与については相続時精算課税適用財産から贈与を受けた年ごとに110万円を控除した残額を相続税の課税価格に加算しなければならないので，贈与者の余命年数を考慮した上で，生計費や納税資金を確保しつつ計画的に実行することがポイントといえよう。

　なお，金融資産所得者は，生前贈与が行い易いことから，贈与契約を行わずして，相続人や相続人以外である孫名義の預貯金へ資金移動を行っていることも多々見受けられ，名義預金として相続財産に含めなければならない場合もあるので，この点についても留意する。

　相続税対策としての生前贈与は，その効果が表れるまでに一定の期間を要するのに対し，金融資産から不動産への相続財産の組み換えは，短期間で大きな節税効果を得ることが可能である。令和6年1月1日以後に相続，遺贈又は贈与により取得したマンションについては，マンション通達[7]が適用されることにより，市場価格と評価額の開差が縮小したとはいえ，特に東京都心の中古マンション価格が上昇していることもあり，対象マンションによっては大きな節税効果が見込まれる。

(1)　推定相続人名義の預金を相続させる

遺言書作成段階において，名義預金が把握された場合には，じ後に備え，その解消に努める。

遺言者の相続開始後，タンス預金，名義預金などが把握された場合は，その財産の帰属が問題となるケースが多々ある。相続税の申告書の作成業務，あるいは，税務調査の場面でこれらの財産が把握された場合，被相続人自身の財産として相続財産に計上するのか，相続人への贈与が成立しているとして贈与税申告の対象とするのかなど，その財産の帰属の判断やその財産の承継について手間と時間を要することとなる。したがって，遺言書作成段階において，推定相続人名義の預金が把握された場合には，名義人への贈与が成立しているか否かの確認を要する。贈与が成立しておらず，贈与を行うことも困難なときは，遺言者の財産として，その名義人に相続させる旨を遺言書に記載することも考慮する。

文案14　名義預金を名義人に相続させる例

第○条　遺言者は，遺言者の長男○○（昭和○年○月○日生）に，遺言者が有する次の預金債権を相続させる。

　　○○銀行○○支店普通預金　名義　長男○○

　　口座番号XXXXXXX

第●条　付言

遺言者に帰属する上記預金債権は，長男に相続させるために，私が長男の名義で積み立てていたものです。

(2)　特別受益の持戻しの免除を行う

贈与者の相続が開始したときは，相続税法等の規定に従い，生前

贈与を行った財産につき一定の金額を相続税の課税価格に加算しなければならないが，遺産分割の観点からは，民法上，特別受益の持戻しの免除が可能である。

　生前贈与を行うに当たっては，暦年課税贈与にせよ相続時精算課税贈与にせよ，遺言者の若いときから長期間にわたり対策を講じることが有効であり，このことは，令和5年度税制改正における暦年課税の生前贈与加算期間の延長に対する対応や相続時精算課税制度に設けられた基礎控除の活用を踏まえ一層顕著になった。なお，相続時精算課税贈与に設けられた基礎控除110万円を効果的に活用することで，相続財産への加算措置なく子に資産を移転することが可能である。なお，相続時精算課税贈与制度を利用するときは，贈与者60歳以上，受贈者18歳以上という年齢制限がある。

　ところで，民法上，被相続人から受けた一定の生前贈与については，被相続人の相続開始時に特別受益として相続財産に加算し，法定相続分（相続分の指定がある場合は指定相続分）によって，共同相続人の相続分を計算し，特別受益を受けた受遺者は持戻し額を控除した残額を相続分とすると定められている（民法903①）。しかし，特定の相続人に贈与を行った分を特別受益として加算せず，かつ，遺言時点では必ずしも適切な配分の判断がつかず遺産分割を相続人間の協議に委ねたいときは，遺言において，その意思を明確にすることにより，生前贈与を受けた相続人は持戻しを免除することが可能である（民法903③）。

　なお，持戻し免除を行ったとしても相続税法上の生前贈与加算（暦年課税贈与・相続時精算課税贈与）は，免除されない。

文案15　生前贈与について持戻しを免除する例

> 第○条　遺言者は，遺言者の長男○○（昭和○年○月○日生）
> の結婚資金として援助した○千万円について，特別受益の持
> 戻しを免除する。
>
> 第●条　付言
> 長男○○には，お母さんの面倒や祭祀の承継者として経済的
> 負担をかけることになるため，過去における援助を生前贈与と
> して考慮しないことにしました。

(3)　相続人以外の者へ遺贈する

　生前贈与を行った相続人以外の者に対して，財産を遺贈しようと
するときは，受遺者の税負担が増えることがある点に留意する。

　子の配偶者や孫など相続人以外の者への生前贈与は，民法上の特
別受益としての持戻しや，原則として相続税法上の生前贈与加算の
対象とならないことから，金融資産所有者の節税対策として利用さ
れるケースは多々見られる。また，生前贈与を行わないまでも，こ
れら相続人以外の一定の親族が被相続人に対して無償で療養看護な
どを行ったことにより，被相続人の財産の維持又は増加に特別な寄
与をしたときは，相続開始後，相続人に対し寄与に応じた額の支払
を請求することができる（民法1050①）とされていることから，こ
のような寄与があった者に対し，確実に財産を承継する方法の一つ
として遺贈を行うことは稀ではない。

　相続人以外の者が遺贈により財産を取得したときは，生前贈与を
受けた受遺者の受贈財産は，暦年課税の規定に従い生前贈与加算の
対象となるほか，受遺者が負担する相続税額は２割加算の対象とな
る（相法18①）。したがって，受遺者が負担する相続税額相当額も

併せて遺贈するなどの配慮も必要であろう。

文案16　相続人以外の者へ金銭を遺贈する例

第○条　遺言者は，遺言者の亡長男の妻○○（昭和○年○月○

　日生）に療養看護のお礼としての○○万円を遺贈する。

第●条　付言

　亡長男の妻○○には，遺言者の生前，長年にわたり療養看護

を行ってもらったので，そのお礼として金銭を遺贈すること

しました。相続税の申告によって生ずる相続税額相当額も含め

たものです。

⑷　公共法人等に遺贈する

　家族など身寄りのない「おひとりさま」が増えてきている現状も
相まって，自身の死後，社会貢献の一環として，公益法人等に遺産
を寄付する遺贈寄付への関心が高まっている。日本財団の調査[8]に
よると，遺贈したい団体は「社会的に意義のあることを知ってもら
える団体」（42.5％）がトップ，次いで「自分の意思に沿って使っ
てもらえる団体」（31.6％）となっている。また，遺贈寄付をする
場合に寄付したいと思うものは，「現金・預金・有価証券・保険の
金融資産」（62.7％）が最多である。

　通常，法人に対して相続財産の遺贈を行った場合は，相続税の課
税対象にはならないものの，その相続財産が不動産や有価証券など
譲渡所得の基因となる資産であるときは，遺贈者に対し，その遺贈
の時における時価を収入金額とするみなし譲渡所得課税が行われる
（所法59①）。

　この場合，国又は地方公共団体，あるいはその遺贈について国税

庁長官による非課税の承認を受けた公益法人等[9]への遺贈による譲渡はなかったものとみなされる[10]（措法40）。

　公益法人等に対し，例えば金銭の遺贈を行おうとするときは，遺言書作成後に金融資産の増減があった場合，遺留分も変わる点に留意する。遺言書作成時に遺贈する金額を固定すると，その後，金融資産が減少した場合，遺留分を侵害する可能性もある。遺留分の侵害に対する対応として，遺言書には遺贈する金銭の割合を記載することも考慮する。

　なお，相続人又は受遺者が相続・遺贈により取得した財産を一定の公益法人等に贈与した場合には，相続税の課税価格から減額することができる（措法70）。

　また，公益法人等に対する遺贈・贈与が特定寄附金に該当する場合は，被相続人の準確定申告又は相続人・受遺者の確定申告において寄附金控除の対象となる（所法78ほか）。

文案17　公共法人等へ金銭を遺贈する例

> 第○条　遺言者は，遺言者が有する次の預金債権のうち2分の1を次の公益法人（受遺者）に対し遺贈し，2分の1を遺言者の長男○○（昭和○○年○月○日生）に相続させる。
>
> 　受遺者
> 　　名　称　社会福祉法人　○○○○
> 　　所在地　○○市○○区○○町○丁目○番地○
>
> 　　○○銀行○○支店普通預金
> 　　名義 ○○口座番号XXXXXXX

> 第●条　付言
>
> 　社会福祉法人〇〇〇〇への遺贈寄附は寄附金控除の対象となることを確認しています。私の所得税の準確定申告の際に寄附金控除の還付申告を行ってください。なお，税務署からの還付金は法定相続分により分割してください。

(5)　国外財産に対する対応

　一般に金融資産所有者等の富裕層は国外に移住したり，国外に財産を所有している割合が高いといえる。遺言者が国外財産を有する場合，例えば，英米法の国[11]においては，相続が開始すると，被相続人の財産は，まず遺産財団に帰属し，裁判所の監督下で遺産財団が被相続人の債務を弁済し，各種租税公課を納付の上，残余財産を相続人へ分配する裁判手続（「プロベート」という。）を経なければならない。プロベートは長ければ数年かかることもあるため，日本の相続税の申告期限（相続の開始を知った日の翌日から10か月）までに完了しないことや，国外資産を換金して納税資金に充てようとしても，多くの時間を費やし期限までに納税できないこともあり得る。

　また，その年の12月31日現在において価額の合計額が5,000万円を超える国外財産を有する居住者は，国外財産調書の提出義務が課せられ，国外財産調書に偽りの記載をして提出した場合又は国外財産調書を正当な理由がなく提出期限内に提出しなかった場合には，1年以下の懲役又は50万円以下の罰金に処される（国外送金等調書法[12]2，5，10）ことから，適正な対応が求められる。

　このような事態に備え，相続開始後の国外財産の名義書換えについて，現地の専門家への依頼を検討するほか，相続人・受遺者の負

担になると見込まれるときは，遺言者の生前に国外財産を国内に移転するなどの策を講じておく必要がある。

(6) 国外転出時（相続）課税に対する対応

遺言者が国外財産を有する場合と並んで遺言者の親族が国外に移住しているケースも多々ある。相続開始時において，１億円以上の有価証券等の対象資産[13]を所有し，相続開始日前10年以内に，国内に５年を超えて住所又は居所を有していた被相続人から，非居住者である相続人に対象資産の移転があった場合には，その対象資産の含み益に所得税及び復興特別所得税が課税される（所法60の３）。このため，対象資産について，国外転出時（相続）課税の申告（被相続人の準確定申告）期限である「相続開始があったことを知った日の翌日から４か月以内」に遺産分割が確定しないときは，民法の法定相続分により非居住者である相続人に対象資産の移転があったものとみなされ，同課税の対象とされる。

このような事態を回避するため，遺言によって，国内に居住する推定相続人等に対象資産をすべて相続又は遺贈する旨記述しておくことが有効である。なお，非居住者である相続人に相続する財産が不足する場合には，対象資産を取得した相続人から非居住者である相続人へ代償金を支払うなどの措置を講ずるなどの検討を行う。

文案18 国外転出時（相続）課税を回避する例

> 第○条 遺言者は，遺言者の長男○○（昭和○年○月○日生）に，遺言者が有する遺言者名義の○○銀行○○支店のすべての預金債権及び遺言者名義の●●証券のすべての上場株式を相続させる。
> 第○条 遺言者は，遺言者の長女○○（昭和○年○月○日生）

に，遺言者が有する遺言者名義の××銀行××支店のすべて
の預金債権を相続させる。

第○条　長男○○は，前々条の財産を相続することの代償とし
て，長女○○に○○万円を支払うこととする。

第●条　付言

遺言者の上場株式を長男○○に相続させる趣旨は，非居住者
である長女○○に相続させると，国外転出（相続）時課税の対
象となり，上場株式の含み益に係る準確定申告が必要となるた
めです。

4 そ の 他

(1) 遺言執行者の指定

遺言執行者とは，遺言の内容を実現するために選任された者をい
う。遺言執行者は必ず指定しなければならないというものではない。
子の認知（民法781②，戸籍法64）や推定相続人の廃除（民法893①）
などを行う場合は，遺言執行者を置かなければならない。遺言者は，
遺言で一人又は数人の遺言執行者を指定し，又はその指定を第三者
に委託することができる（民法1006①）とされ，遺言執行者がない
とき，又はなくなったときは，家庭裁判所は，利害関係人の請求に
よって，これを選任することとなる（民法1010）。遺言の内容を実
現するために，必要に応じて，遺言執行者の指定，指定した場合の
報酬の要否などについて検討する。

文案19　遺言執行者を指定する例

第○条　遺言者は，本遺言の遺言執行者として次の者を指定す

る。

    住所　東京都中央区八重洲○－○－○

    職業　○○

    氏名　○○　生年月日　昭和○年○月○日

第○条　遺言執行者は，本遺言執行のための一切の権限を有する。本遺言の執行に当たり，本遺言に記載された不動産の名義変更並びに預貯金債権の名義変更，解約及び換金等を行うことができる。

第○条　遺言執行者に対する報酬は，遺言者の相続開始時における遺言執行対象財産の相続税評価額（小規模宅地等の特例の適用前）の○○パーセントとする。

(2)　遺言書の種類等

　遺言書に種類については，自筆証書遺言（民法968），公正証書遺言（民法969，969の2）及び秘密証書遺言（民法970ほか）等がある[14]。公正証書遺言については，遺言書に記載された財産の価額によって手数料が決まること，秘密証書遺言の作成手数料は1通につき11,000円と決まっていること，平成30年民法改正に伴う自筆証書遺言の保管制度を利用した場合は1通につき 3,900円である。公正証書遺言は，相続財産が多額になると手数料も多額となるため，経済的な観点も考慮するとよい。

（公証人手数料令第9条別表）

目的の価額	手数料
100万円以下	5000円
100万円を超え200万円以下	7000円
200万円を超え500万円以下	11000円
500万円を超え1000万円以下	17000円
1000万円を超え3000万円以下	23000円
3000万円を超え5000万円以下	29000円
5000万円を超え1億円以下	43000円
1億円を超え3億円以下	4万3000円に超過額5000万円までごとに1万3000円を加算した額
3億円を超え10億円以下	9万5000円に超過額5000万円までごとに1万1000円を加算した額
10億円を超える場合	24万9000円に超過額5000万円までごとに8000円を加算した額

（出典）日本公証人連合会ホームページ

(3) 遺言の見直し・書き換え

　遺言は，遺言書を作成した時点と遺言の効力の発生時期（相続開始時）とで時間的なズレがあり，遺言者の相続開始前に受遺者が亡くなるケースもある。遺贈は，遺言者の死亡以前に受遺者が死亡したときは，その効力を生じない（民法994①）。また，遺言書の作成後，不動産価額の上昇又は下落などに連動し相続財産全体の価額が変動することや遺贈する不動産の価額が変わることによって遺留分や代償金の計算をやり直さなければならないこともある。また，不動産の評価方法の改正（例えば，マンション通達の改正など）によって，相続税額に影響が出る場合もある。

　このような場合に備え，遺言者の相続開始時に遺言書で定めた推定相続人又は受遺者が遺言者の死亡以前に亡くなったときの相続の方法を遺言書に定めておくことによって，遺言書の書き換えを行うことなく遺言者の意思を遺言書に反映することが可能となる。

　また，景気変動等により作成時に想定した趣旨に適合しなくなったときは，必要に応じて遺言書の見直しや書き換えを考慮する。

第○条　遺言者は，令和○年○月○日に作成した公正証書遺言の第○項を撤回し，以下のとおり変更する。

第○条　遺言者は，遺言者の有するすべての預金債権を，遺言者の次女○○（昭和○年○月○日生）の夫○○（昭和○年○月○日生）に遺贈する。

第●条　付言

妻亡き後，長年面倒をみてもらった次女○○にすべての財産を相続させようと思っていましたが，私より先に次女○○が亡くなったため，その夫○○にすべての預金債権を譲ります。長女○○は，私の意思に異議を唱えることなく，これからも○○さんを援助してください。

Ｖ おわりに

　冒頭で紹介した相談事例は，遺言書案の作成に引き続き，相続税申告書の作成及びその後の税務調査対応も同じ税理士が関与していた事例である。遺言書案の作成において，共有分割の対象とする助言を行った宅地について，共同相続人の同意を得ないまま同意があったとして共同相続人の氏名を記載した「小規模宅地等についての課税価格の計算明細書」を作成した上，同族会社に対する貸宅地につき土地の無償返還の届出書を提出していたにもかかわらず自用地評価額から借地権相当額を控除して相続税申告を行っていた。しかも，土地の無償返還の届出書の提出の助言を行ったのも同税理士で

あった。そして，じ後の税務調査において，小規模宅地等の特例の適用と宅地の評価額から減額した借地権相当額について否認され，本税のほか多額の加算税・延滞税の追徴を受けたものである。相談者は，当初申告の納税資金対策としての延納申請及び物納申請などの検討・対応を行っておらず，遺留分侵害額請求に対する遺留分相当額の支払と併せて，税務調査における追徴税額の支払も不動産を売却するなどして対応するとのことであった。

　顧客である遺言者にとっては遺言書の作成は生涯最後の財産処分を決するものであり，税の専門家である税理士を信頼し，一定額の報酬を支払い，相続税対策からの遺言書案について相談するものである。税理士は，顧客の視線に立ち，顧客の家族状況及び財産構成や現有財産を熟知した上で，顧客の想いを十分に汲み取り，推定相続人間の関係性などを考慮した上で，必要なアドバイスを行い，特例の適用・納税方法の最善策を探り遺言書に織り込むべきである。最善策を遺言書に織り込むためには，遺言書の作成段階からオーナー社長などの資産家ごとに必要な項目をリストアップし，点検漏れが生じないよう確認するとともに，付言事項や遺言執行者の選任の検討も行うことが肝要である。また，その後の相続人の異動状況等に応じた遺言書の見直し等の作業も必要になる。そのため，例えば，「〈チェックリスト〉相続対策を遺言書に反映する際の留意点」（図表4－4）を活用し，順次対策を進めていくことが有効であると思料する。そして，相続開始後は，税法に則り適正な申告業務を行うとともに税務調査にも適切に対応する。このような対応によって，さらに顧客の信用を得ることができると思料する。

図表4－4 〈チェックリスト〉相続税対策を遺言書に反映する際の留意点

【共通】 －遺言書作成段階－	年月日	チェック
相続税対策の実施状況を踏まえて遺言の内容を検討したか		□
【オーナー社長】		
事業承継計画表に基づき事業承継を実行した。		□
事業承継税制を活用した。		□
遺留分に関する民法の特例（除外合意，固定合意）を利用した。		□
役員退職金規程，死亡退職金の受取人を確認した。		□
死亡退職金の支給を見据えて，役員報酬の見直しを行った。		□
死亡退職金に係る相続税の非課税限度額を確認した。		□
オーナー社長から後継者への株式移転に備えて，株価対策を実行した。		□
個人法人間の債権債務の解消を行った。		□
名義株式の解消を行った。		□
納税資金の不足に対する対応を行った。（対応策　　　　　）		□
【不動産複数所有者】	年月日	
共有不動産の共有関係の解消を行った。		□
小規模宅地等の特例の適用対象地を確認した。		□
居住用不動産について，配偶者に贈与し贈与税の配偶者控除を適用した。		□
収益不動産について，相続時精算課税制度を選択し後継者に贈与した。		□
所有不動産について漏れなく該当する市区町村に対する名寄帳を取得した。		□
利用予定のない土地や放置されている未利用地を処分した。		□
納税資金の不足に対する対応を行った。（対応策　　　　　）		□
【金融資産所有者】	年月日	
「暦年課税制度」及び「相続時精算課税制度」よるシミュレーションを行った。		□
贈与税の非課税規定の適用を行った。（適用した特例　　　　）		□
死亡保険金の非課税枠を有効に活用するため，生命保険料相当額の現金贈与を行った。		□
相続人以外の親族への贈与を行った。		□
国外居住者が相続時に国外転出時課税制度の適用を受けることがないよう措置した。		□
金融資産の一部を不動産に組み換えた。		□
名義預金の解消を行った。		□

	年月日	チェック
相続税対策を踏まえて付言事項を検討したか		☐
遺言執行者選任の要否を確認したか，遺言執行者（予定者）に依頼を行ったか		☐
遺言書案を作成する。		☐
【共通】 －遺言書作成後（適時）－	年月日	チェック
相続人の異動状況は確認したか		☐
遺言書作成時の特例が適用可能か否か確認したか		☐
相続財産の時価の変動はないか		☐
遺言書の見直しを行ったか		☐
遺言書の書き換えを行ったか		☐

❶ 法的な効力は有しないものの，お世話になった人への感謝，家族や自分が大切にしてきたものへの気持ちや願いなどを伝える文章を「付言事項」という。

❷ 本章において，贈与税及び相続税を合わせた税額をいう。

❸ 遺言のほか死因贈与などもある。

❹ 中小企業における経営の承継の円滑化に関する法律施行規則

❺ それぞれの分割の特色については，第1章「Ⅲ 遺言書作成の重要性と税理士の役割」 **4**(3)②参照。

❻ 国税庁質疑応答事例「超過物納に係る過誤納金に対する譲渡所得の課税」

❼ 令和5年9月28日付課評2-74他1 課共同「居住用の区分所有財産の評価について（法令解釈通達）」

❽ 遺言・遺贈に関する意識・実態把握調査要約版（日本財団2023年1月5日）

❾ 「公益法人等」とは，①公益社団法人，②公益財団法人，③特定一般法人（法人税法別表第二に掲げる一般社団法人及び一般財団法人で，同法2条九の二号イに掲げるもの）及び④その他の公益目的事業を行う法人をいう。

❿ 国税庁長官による非課税の承認を受けた場合でも，その後，一定の事由が生じたときは，長官により承認の取消しが行われる場合がある。

⓫ 英国，米国，カナダ，オーストラリア，ニュージーランド，インドなど

⓬ 内国税の適正な課税の確保を図るための国外送金等に係る調書の提出等に関する法律

⓭ 国外転出時課税制度の対象となる有価証券等，未決済信用取引等及び未決済デリバティブ取引の総称をいう。

⓮ それぞれのメリット・デメリットについては，第1章「Ⅱ 遺言の方式」並びに第5章「Ⅱ 自筆証書遺言」及び「Ⅲ 公正証書遺言」参照。

改正相続法を踏まえた
遺言書作成をめぐる留意点

5

1 自筆証書遺言は，形式が厳格であり，形式から外れると無効になる。また，紛失する（発見されない），隠匿される，改竄されるなどの可能性がある。

2 自筆証書遺言を利用する場合には，自筆証書遺言書保管制度の利用を検討するべきである。

3 公正証書遺言は，紛失，隠匿，改竄の恐れはなく，また，無効になる可能性は小さいが，作成するためにはある程度の時間と費用がかかる。

4 遺言の内容は，一義的で明確な文言を選択することを心掛けるべきである。

5 遺言の内容を定める際には，将来予想に反した場合に備えた条項を検討すべきである。

6 遺言は，遺言者がその一存で決めるものではあるものの，相続人・受遺者の意向，資金需要など配慮するのが望ましい。

7 配偶者居住権は二次相続対策で利用されていることが多い。

8 特定遺贈は受遺者において自由に放棄できる（受領を拒絶できる）が，特定財産承継遺言については遺産の承継者として指定された相続人（受益相続人）が，少なくともその単独の意思では遺言の利益を放棄できない（受領を拒絶できない）との解釈が有力に主張されており，財産取得者の意向を尊重したい場合には特定遺贈を検討すべきである。

I はじめに

　遺言には通常時に行う普通方式（民法967），緊急性のある場合に行う特別方式（民法 976〜979）があり，このうち，現実に利用されるのは，普通方式の自筆証書遺言（民法968）と公正証書遺言（民法969）が大半である。

　このため，この2つについて説明し，そのうえで，遺言の一般的な注意事項を説明する。

II 自筆証書遺言（民法968）

1 自筆証書遺言の方式の注意事項

　自筆証書遺言では，遺言者が全文，日付，氏名を自筆で記載し，押印する必要がある（同条①）。民法改正（平成30年法律第72号。特記がない限り，以下同じ。）により，遺言に相続財産の目録を添付する場合には，目録については自筆する必要がなくなったが，目録の各頁に署名・押印する必要がある（なお，両面印刷の場合には各面に署名・押印する。）（同条②）。

　このように形式が厳重に定められているのは，偽造や変造を防ぐためである。このため，加除変更についても，その場所を明示して変更した旨を付記して署名し，変更箇所に押印する必要がある（同条③）。

　遺言者が単独で簡易に作成できることから多用されているが，次のことに留意されたい。

① 形式を遵守する必要があり，形式に不備があると遺言としては無効となる。

例えば，日付は，一義的に明確である必要があり，「○年○月吉日」は認められない（最高裁昭和54年5月31日）。また，現実に作成した日を記載すべきである（現実の作成日とのズレを許容した判例（最高裁令和3年1月18日）があるが，争いになること自体，回避すべきである。）。

加除変更については，形式を遵守しない場合には，加除変更前の内容を確認することが可能であれば，変更前の文言が有効となる。変更の形式を整える必要を考えると，場合によっては，はじめから書き直す方が安全かつ手っ取り早い。

② 自筆証書遺言については，作成したことを第三者に伝える必要がないため（事案によっては，遺言の作成を秘匿できることは，メリットとなりうるものの），作成したにもかかわらず紛失ないし発見されない恐れがあり，また，遺言を発見した第三者による隠匿・破棄・改竄が行われる恐れがある。

③ 自筆証書遺言については，遺言者が亡くなった後，遺言書の保管者ないし発見者は家庭裁判所で検認の手続をとる必要がある（民法1004①）。検認は，その時点での遺言書の現状を確認・保全するものである。

2 自筆証書遺言書保管制度

自筆証書遺言書保管制度（法務局における遺言書の保管等に関する法律1）は，法務局において自筆証書遺言書を保管する制度である。法務局において，保管申請時に自筆証書遺言の形式に沿っているか否かを外形的に確認し，また，相続発生時に指定した相続人に

通知してもらうこともできる。このため，形式不備による無効，紛失のリスク，隠匿・改竄のリスクを回避することができ，かつ，検認を要さない（同法11）というメリットがある。

　自筆証書遺言を作成するのであれば，同制度を利用することを考慮すべきである。

　もっとも，内容面について，法務局は関与しないため，文言の意味が明確ではなく内容が確定できない等の不備があり得る。また，遺言者が法務局に自ら出かける必要があり，体調によっては難しい場合が考えられる。

Ⅲ 公正証書遺言

　公正証書遺言は，公証人により作成される公正証書によって遺言を行う。

　手続としては，①証人２人以上の立会いのうえ，②遺言者が遺言の趣旨を公証人に口授し（口頭で伝える），③公証人がこれを筆記して遺言者及び証人に読み聞かせ又は閲覧させ，④遺言者及び証人が，筆記の正確なことを承認した後，各自これに署名，押印し，⑤公証人が，これらの方式に従って作ったものである旨を付記して，これに署名・押印して作成する（民法969）。

　公正証書遺言は，公証役場でその存否を確認することができ，遺言書の紛失・隠匿・改竄の恐れはなく，検認も必要ない。

　内容面でも，公証人が遺言者に対して一定の助言をしつつ文言を選択して作成することから，文言が曖昧で意味が特定されなかったり，諸事情の考慮や将来の変動に対する備えが不十分な内容であっ

たりするリスク（後述Ⅳの**5**，**6**参照）は減少する。もっとも，公証人も遺言者を取り巻く全ての事情を知っているわけでもないし，将来発生し得る全ての紛争を予見することができるわけでもない。このため，後から眺めれば，もう少し条項に丁寧に記載しておいた方が良かったのではないかと思われる事案もある。

　また，第三者であり法律の専門家である公証人が，遺言者本人と面談して，その意向を確認し，遺言能力（後述Ⅳ**1**）が認められると判断して作成していることから，遺言能力の欠如を理由に無効となるリスクは，かなり小さい。

　以上のように公正証書遺言が完璧というわけではないにせよ，遺言をするのであれば公正証書遺言によるのが安全策である。

　公正証書遺言のデメリットを指摘するとすれば，第三者である専門家である公証人に作成を嘱託することから，公証人に連絡し，意向を伝え，予定を調整するなどの時間がかかることと，手数料を支払う必要があることである。これらの点は，通常は大きな問題ではないと考えられるが，死期が迫った段階では，作成が間に合わない場合があり得る。公証人との間で，（事実上の）遺言の文言案の調整も完了していたが，作成日の日程調整中に，遺言予定者が急死した事例もある。

Ⅳ　共通の注意事項

1 遺 言 能 力

　遺言も法律行為であり，法律行為を行うことが可能な判断能力が必要である（遺言能力。民法963）。遺言に関する典型的な争いの一

つが，遺言能力の有無をめぐり，遺言無効が主張される事案である。遺言をするにしても，ある程度，元気で判断能力に争いのない時期に行うことが望ましい。また，高齢であったとしても，遺言前に医師の検査を受けて診断書を得ておくことも考えられよう。

なお，未成年者も15歳以上であれば遺言を行うことができ（民法961），被補助人，被保佐人も遺言を行うことができ（民法962），成年被後見人は事理弁識能力を一時回復した場合には，医師2名以上の立会いがあれば遺言を行うことができる（民法973）。ただし，あまり例はないものと思われる。

2 共同遺言の禁止

遺言は，複数名による共同遺言は禁止されている（民法975）。このため，おしどり夫婦であっても，同一の証書で遺言することはできない。

3 撤回の自由

遺言は，いったん作成しても，自由に撤回でき（民法1022），また，複数の遺言があり，相互に抵触がある場合には，後の遺言が有効（前の遺言のうち抵触部分は撤回されたとみなされる。）になる（民法1023①）。その他，遺贈の目的物の生前処分などの遺言と抵触する法律行為（同②），遺言書の破棄（民法1024）なども撤回とみなされる。

このように自由に撤回できるため，将来，自己の判断が変わることを恐れて遺言作成を控えるべき理由は特にないものと考えられる。

４ 遺言事項

遺言で行うことができるのは，遺贈（民法964），遺産分割方法の指定（特定財産承継遺言＝相続させる遺言等。民法908①，1014②），相続分の指定（民法902①），遺産分割の禁止（民法908①），特別受益の持戻し免除（民法903③），遺言執行者の指定（民法1006）など，相続財産に関する事項が中心であり，他に認知（民法781②），相続人の廃除（民法893），未成年後見人の指定（民法839①）等である。

しかし，これらの法定の事項以外については効力を有さず，単に遺言者の希望として参酌されるに過ぎない。

５ 内容の特定性

遺言は文章で書くものであるため，遺言者本人は特定の意図があって記載したとしても，文面からは意味が判然としないことがある。解釈の余地があり争いが生じる場合には，最終的には裁判所で，「遺言者の真意」を探求し，内容を特定する。しかし，このような争いは不毛であるし，そもそも死後には本人に意思を確認することもできないことから，裁判所の判断が本当に遺言者本人の真意に沿っているのか否かは，実は誰にも分からない。従って，遺言は一義的に明確な文言で記載することを意識すべきであり，必要に応じて専門家に相談するべきである。

（例）「自宅」：土地と建物の両方か，建物のみか。不動産であれば，住居表示ではなく，不動産登記の表題部により特定すべきである。

「まかせる」「委託する」：単に管理を委託したのか，相続させるないし遺贈する趣旨か。東京地裁令和２年12月16日判決，大阪高裁平成25年９月５日判決，東京高裁平成９年11月12日判決，東京高裁昭和61年６月18日判決参照。

「『動産』は全て相続人のＡに相続させる」：金融資産は含まれるか。東京地裁平成29年 8月25日判決参照。

6 将来予測であること～想定外の事態への想定

　上記 5 と類似する問題として，死亡時期は将来であり，遺言を作成した後，死亡＝効力の発生時期が，一体，何年後になるのかははっきりしない。このため，遺言は，将来予測に基づいて作成されるが，その際には，予測が外れた場合のことを想定し備える必要がある。

　（例）：(a)特定財産承継遺言や特定遺贈で，受益相続人・受遺者が先に亡くなることがある。まず，受遺者が先に死亡した場合には効力を生じない（民法994①）。特定財産承継遺言の場合にも当該推定相続人（＝受益相続人）の代襲者その他の者に遺産を相続させる旨の意思を有していたとみるべき特段の事情のない限り，その効力を生ずることはない（最高裁平成23年 2 月22日）。残念ながら人は年齢順で死亡するわけではない。当初の想定が狂った場合に，受益相続人や受遺者の子に当該財産を承継させるか否かを明示的に規定しておくべきである。

　(b)預金口座，証券口座を指定して，遺贈ないし相続させる場合，相続開始時に変動している可能性を考慮する。相続開始時には，預金額が異なる，証券が変動している，その口座は閉鎖したなど。遺言作成時の残高により「○○銀行○○支店口座番号○○の普通預金××円」と明示した場合に，相続開始時に残高と××円が齟齬するのが通例であろう。そうすると口座残高全てを取得させる意思と解するか，××円の限度で承継させる意思と解するか解釈の余地がある。また，残高が××円に満たない場合には，不足額を他の遺産か

ら補填するべき意思があるのか否かも解釈の余地があろう。

(c)小規模宅地等の特例の適用を想定して特定の相続人に不動産を取得させる遺言を行った場合，予定された相続人が要件を失うことがあり得る（同居しなくなった，自宅を購入した等。）。

(d)その他，自宅を取得予定の子が就職の都合で遠隔地に居住することになり，自宅を利用することも管理することも困難になることもあり得る。

7 遺言執行者の要否

遺言執行者は遺言の内容を実現するため，相続財産の管理その他遺言の執行に必要な一切の行為をする権利義務を有する（民法1012①）。

例えば，第三者に対する遺贈は相続人全員が登記義務者となって共同して登記手続を行う必要があり（不動産登記法60），また，通常，金融機関の取扱いとして，貸金庫の開扉は相続人全員の同意ないし立会が必要である。このため，相続人の足並みがそろわない恐れがある場合には，遺言執行者を定めて，遺言執行者にこれらの手続を行わせることがスムーズである場合がある。

また，遺言に反する行為を行う恐れがある相続人がいる場合には，遺言執行者を定めることにより，相続人の処分権を失わせる意味がある（民法1013①②）。

しかし，そのような事情がなく，特定財産承継遺言で相続人に特定の財産を承継させるだけである場合には，その必要性は大きくない（なお，後述**8**のとおり，相続登記の観点から遺言執行者を定めた方が良い事案も考えられる。）。遺言執行者が選任されることにより，遺言の実現は専ら遺言執行者の職務遂行によって行われるこ

とになるが，その職務遂行が遅い，公平性を欠く疑いがある，遺言に高額な執行報酬が定められている等の，かえって相続人の不満を招くことも考えられる。

　なお，遺言執行者でなければできない事務として，推定相続人の廃除（民法893），認知（民法781②），一般財団法人の設立（一般社団法人及び一般財団法人法152②）があり，遺言でこれらを定めた場合には，遺言執行者を定めておくのが適切である（遺言に遺言執行者の定めがない場合には，家裁にその選任を請求する必要がある。民法1010）。

⑧ 相続登記の必要性

　民法改正前までは，相続分の指定や特定財産承継遺言による法定相続分を超える遺産の取得について（例えば，特定財産承継遺言で特定の土地を特定の相続人が取得する場合には，法定相続分ではなく，「1/1【全体】」を取得するため，当該遺産については法定相続分を超える取得になる。），登記なくして第三者に対抗できると解されてきたが，改正後は登記（対抗要件の具備）がないと法定相続分を超える権利の取得は第三者に対抗できないことになった（民法899の2①）。

　このため，速やかな登記を行うことが望ましいところ，年齢や病気などの理由で相続人が自ら速やかに手続を行うことが困難であることが見込まれる場合には，遺言者において信用できる遺言執行者を定め，遺言執行者により登記を実現することは考慮されるべきである。

9 遺留分についての配慮

遺留分は，一定の相続人に遺言者の意思に関わらず遺産の一定割合の取得を保障する制度である（民法1042①②）。

民法改正前は，遺留分侵害に対し遺留分減殺請求権を行使されると，侵害した贈与・遺贈の目的物について，遺留分権利者が遺留分を侵害された限度で共有持分を取得することとされていた（物権的効力）が，改正後は，侵害額を金銭で支払う義務を負うにとどまることになった（民法1046①）。このため，遺留分侵害により，遺産（ないし生前贈与財産）の（準）共有状態になる恐れはなくなった。

そこで，遺言により遺留分権利者に財産を承継させても，遺留分侵害額訴訟で金銭を取得させることになっても大差がないという考えもあり得る。

しかし，相続人間の紛争は相互に負担であり，これを回避するためには，遺留分に配慮した遺言であることが望ましい。また，遺留分侵害額訴訟による解決では，少なくとも判決の場合には遅延損害金（年３％）が付加されることから，侵害額次第ではあるものの，遺言で多くの財産を承継した相続人の負担は軽くはない。

そうすると，遺留分には配慮した遺言の作成が望ましい。

10 相続人の当座の資金需要への配慮

遺言においては，相続人が相続開始直後の当座の資金需要に対応する資金の有無を検討しておくべきである。

遺言者の死去までの医療費，死後の葬儀費のほか，生計を一にしている相続人についてはその生活費が必要であろうし，遺言者の準確定申告や相続税申告に係る税金，専門職に依頼する費用等が考えられる。

これらの現金需要を考慮せずに不動産のみの承継先を決めた場合には，不動産を取得した相続人が資金不足に陥る恐れがある。

　また，遺言において預貯金の承継先が決められていない場合には，遺言がない場合と同様に，一旦は預貯金口座が凍結されることになり，その引き出しには遺産分割が必要になるのが原則である。預貯金の仮払制度（民法909の２）が設けられたが，金融機関ごとに預金額の３分の１に法定相続分を乗じた額の限度で，かつ，150万円を上限とする。

　相続人としては遺産に預貯金があるのに，それを利用できず，相続税が納税できないという事案が現実にあり，税務署によって預金を差し押さえてもらうという事案もある（その間に延滞税が発生するため，相続人にはデメリットしかない。）。

11 相続人の意向との合致

　遺言においては，相続人の意向に合致しているのかは，一つの問題である。

　相続人全員の意思に反する場合には，結局，遺言によらない遺産分割協議が行われることもあり得るし（その許容性について議論はあるものの，多くの裁判例では認められている。），一部の相続人にとっては，明らかにその意思に反するにもかかわらず，遺言によらない遺産分割を行うことについて他の相続人の同意が得られないことから，諦めて遺言に従うことになるような事案もあり得る。以下のような遺言にならないよう考慮しておく必要がある。

（例）相続税が高くなる（節税にならない）遺言
　　　遠隔地に居住しており利用も管理もできない不動産を受贈者又は特定財産承継遺言の受益相続人が取得する遺言

12 配偶者居住権

被相続人の配偶者が相続開始時に遺産である建物に居住していた場合に，その後も居住を継続するには，遺産分割により当該建物（及びその敷地）を取得する方法が考えられるところ，配偶者が建物（及び敷地）の所有権を取得してしまうと，その評価額が大きくなり，その余の遺産を取得できず，現金が不足するというような問題が生じる恐れがある。

このため，遺産である建物について，所有権そのものではなく，配偶者の終身の間（ただし，遺産分割協議等で別段の定めは可能。民法1030），存続する無償で使用及び収益する権利（配偶者居住権）を取得することが認められた。

遺言で配偶者に配偶者居住権を取得させるには「遺贈」によることが必要であり，「相続させる遺言」（特定財産承継遺言）では，取得できないとされた（民法1028①二）。

実際には，本来想定されていた目的とは異なるが，配偶者に配偶者居住権を取得させることにより相続税の配偶者控除を活用し，さらに配偶者が死去した時点では，その死去により同権利が消滅して配偶者の遺産に含まれないことから，二次相続の遺産を減らす効果があるものとして利用されているようである。

13 特定財産承継遺言と特定遺贈

「相続させる遺言」（特定財産承継遺言）と相続人に対する特定遺贈は，特定の相続人に特定の財産を取得させるものとして，その効果は類似している。

以前は，両者の主な違いとして，

①　登記の際の登録免許税の税率（特定遺贈では，税率が高い。）

② 単独で登記手続ができるか否か（特定遺贈では，共同申請になる。）

③ 農地法の許可の要否（特定遺贈では，農地法の許可を要する。）

④ 遺産が借地権である場合の賃貸人の承諾の要否（特定遺贈では，賃貸人の承諾を要する。）

等といわれていた。しかし，順次の法改正により，「相続人に対する」特定遺贈の場合には，

①登録免許税は特定財産承継遺言と同一となり，③農地の場合にも農地法の許可を要さないこととなった。不動産の特定遺贈の場合には，受遺者と相続人全て（登記義務者）の共同申請により登記を行うことが原則だが（不動産登記法60），②「相続人に対する」特定遺贈の場合には，受遺者が単独で登記を申請することができることになった（同法63③）。

そうすると，上記①〜④のなかで，両者の主な違いは，④借地権（借地権付き建物）が遺贈された場合に，借地権の譲渡として賃貸人の承諾が必要になる（民法612①。これに対し，特定財産承継遺言では承諾が不要である。）ことくらいであろう（借家権やその他の賃借権も同様であるが，これらの遺贈は事例も必要性も余りないであろう。）。

なお，そのほか，改正前においては，⑤第三者との関係で，法定相続分を超える権利の取得を対抗するにあたり，特定財産承継遺言と遺贈で対抗要件の具備の要否が異なっていたが，民法改正後は，特定財産承継遺言の場合にも対抗要件の具備が必要となったことは，前述 **8** のとおりであり，その差異はなくなった。

ところで，⑥特定遺贈においては受遺者がいつでも遺贈を放棄で

きる（民法986①）のに対し，特定財産承継遺言については（相続放棄（民法939）により一切の権利を放棄することは単独の判断でできるものの）少なくとも他の相続人全員の同意がない限り，受益相続人のみの判断でその特定財産承継遺言の利益を放棄できないと解するのが多数説のようである（配偶者居住権の立案担当者の立場である。上記**12**参照。なお，反対説もある（『詳解相続法〈第2版〉』（潮見佳男著。弘文堂）362頁））。このため，上記のように借地権については特定遺贈を用いると賃貸人の承諾が必要となるという問題があるものの，それ以外の不動産等を含む遺産については取得予定の相続人にその権利を取得するか否かを自由に決定させたい場合には，特定遺贈の方が自由が利く（可能性がある）という側面がある。このため，特定の相続人に特定の財産を取得させたいと考える場合に，今までは専ら「相続させる」遺言（特定財産承継遺言）が用いられてきたが，特定遺贈を用いることも一考に値すると考える。

第 6 章

遺言書によらない遺産分割

1 遺言書と異なる内容の遺産分割協議は，次の要件を満たす場合に可能と解される。

○被相続人が，遺言で遺産分割協議を禁止していないこと。

○相続人全員が遺言と異なる内容の遺産分割協議を希望していること。

○遺言執行者が指定されている場合，遺言執行者も遺言と異なる内容の遺産分割協議を行うことに同意していること。

2 相続させる旨の遺言を特定財産承継遺言という。特定財産承継遺言は，被相続人の死亡時に直ちに遺産が相続人に相続により承継される。

3 さいたま地方裁判所平成14年 2 月 7 日判決では，特定財産承継遺言と異なる内容の遺産分割も可能であると判示している。

4 遺言がそのまま執行されるに越したことはなく，遺言作成段階において関係者の意向・遺言作成から相続開始が見込まれるまでの期間・遺留分・相続税の納税資金・税務面の要素等を考慮しつつ遺言を作成する必要があろう。

I 遺言があるのになぜ遺産分割協議に切り替えるのか？

　筆者は，これまで150件ほどの相続税申告を担当してきた。その中には，法務面での要件を満たす有効な遺言であるにもかかわらず，遺言と異なる内容の遺産分割協議を希望する事案が複数あった。筆者が担当した事案のうち，遺言があるにもかかわらず遺言と異なる内容の遺産分割協議を行った理由は次のようなものであった。

理由	具体例
小規模宅地等の特例の適用要件が考慮されていない。	被相続人の居住用宅地等について，配偶者が存命であるにもかかわらず，別居する子に相続させる内容であった。
二次相続の際の税負担が考慮されていない。	配偶者が多額の財産を有するにもかかわらず，法定相続分に基づく配分となっていた。
遺言作成時と相続開始時で財産の金額が異なり，各相続人等の取得する財産のバランスを欠く内容となってしまっていた。	受遺者が特定遺贈により取得する銀行預金の口座残高が相続開始時には数百円しかなかった。
相続人の意向に反する内容。	相続人は不動産賃貸業を承継する意向がないにもかかわらず，賃貸不動産を相続させる内容になっていた。

　遺言作成にかかわるプレーヤーとしては，銀行・証券会社等の金融機関，弁護士・司法書士・行政書士・税理士といった士業など多くのプレーヤーがいる。筆者はこれまで銀行や弁護士・司法書士が作成に関与した複数の遺言を見てきたが，税務上の特例・二次相続の際の税負担等の税務面について考慮されていない遺言がそれなりにあったという印象だ。

Ⅱ 遺言の内容と異なる遺産分割協議の可否

　相続税申告を受任した場合において，税務面について考慮されていない遺言書があるとき，税理士が取りうる選択肢としては①遺言の内容に従う，②遺言の内容と異なる遺産分割協議を行う，の二つがあろう。

　税務面について考慮されていない遺言がある場合，税理士としては善管注意義務履行の観点からその点を伝えざるを得ず，その対応は悩ましいものがある。本章では，税理士に求められる対応のうち遺言の内容と異なる遺産分割協議について，その内容を掘り下げてゆく。

1 結　　論

　遺言と異なる内容の遺産分割協議については，次の3つの要件を満たす場合，それを行うことが可能と解される。

① 　被相続人が，遺言で遺産分割協議を禁止していないこと。

② 　相続人全員が遺言と異なる内容の遺産分割協議を希望していること。

③ 　遺言執行者が指定されている場合，遺言執行者も遺言と異なる内容の遺産分割協議を行うことに同意していること。

2 特定財産承継遺言

　遺言は「○○を相続させる」という書き方が多いであろう。このような，いわゆる「相続させる旨」の遺言を特定財産承継遺言という。特定財産承継遺言とは，遺産の分割方法の指定として遺産に属

する特定の財産を共同相続人の一人又は数人に承継させる遺言をいう[1]。

特定財産承継遺言の法的性質については，民法908条に定める遺産の分割の方法を定めたものであり，被相続人の死亡時に直ちに遺産が相続人に相続により承継される旨が判示されている[2]。

3 特定財産承継遺言と異なる内容の遺産分割協議の可否

特定財産承継遺言は，被相続人の死亡時に直ちに相続により遺産が相続人に承継される。このため，特定財産承継遺言について遺言と異なる内容の遺産分割を行うことが可能か疑義が生じる。

遺言は被相続人の最終的な意思表示であり，遺言があれば，「被相続人の死亡時に直ちに遺産が相続人に相続により承継される[3]」ことから，遺産分割協議より優先されると解されている。しかしながら，遺言は被相続人が一方的に作成するものであり，遺言の内容について相続人の希望する内容でない場合も当然にあり得る。

この問題について，さいたま地方裁判所平成14年2月7日判決では特定財産承継遺言と異なる内容の遺産分割を行うことも可能であると判示しており，実務上も相続人等の意思の一致が図られている場合には遺言と異なる内容の遺産分割協議による遺産分割も有効とされている。

4 遺言と異なる内容の遺産分割協議が認められるための要件

特定財産承継遺言と異なる内容の遺産分割が認められるための要件は，次の3点である。

① 被相続人が，遺言で遺産分割協議を禁止していないこと。

② 相続人全員が遺言と異なる内容の遺産分割協議を希望してい

ること。

③　遺言執行者が指定されている場合，遺言執行者も遺言と異なる内容の遺産分割協議を行うことに同意していること。

以下，各項目の内容について解説する。

(1)　**被相続人が，遺言で遺産分割協議を禁止していないこと**

民法908条1項において，被相続人は遺言で相続開始時から5年を超えない期間を定めて，遺産の分割を禁ずることができるとされている。したがって，遺言と異なる内容の遺産分割協議を行うためには，被相続人が遺言により遺産分割協議を禁止していないことが前提となる。

(2)　**相続人全員が遺言と異なる内容の遺産分割協議を希望していること**

さいたま地方裁判所 平成14年2月7日判決では，「遺言をする被相続人（遺言者）の通常の意思は，相続をめぐって相続人間に無用な紛争が生ずることを避けることにあるから，これと異なる内容の遺産分割が全相続人によって協議されたとしても，直ちに被相続人の意思に反するとはいえない。被相続人が遺言でこれと異なる遺産分割を禁じている等の事情があれば格別，そうでなければ，被相続人による拘束を全相続人にまで及ぼす必要はなく，むしろ全相続人の意思が一致するなら，遺産を承継する当事者たる相続人間の意思を尊重することが妥当である。」と判示した。

遺言と異なる内容の遺産分割協議が認められるのは，相続人間での紛争発生防止という被相続人の意思に添うものである場合に限られよう。仮に，相続人の一部が遺言と異なる内容の遺産分割協議を希望しない場合，遺言と異なる内容の遺産分割協議を行うことは被相続人の意思に添うものではない。

したがって，遺言と異なる内容の遺産分割協議を行うためには，相続人全員が遺言と異なる内容の遺産分割協議への切り替えを希望することが前提となる。

(3) 遺言執行者が指定されている場合，遺言執行者も遺言と異なる内容の遺産分割協議を行うことに同意していること

民法1013条1項では「遺言執行者がある場合には，相続人は，相続財産の処分その他遺言の執行を妨げるべき行為をすることができない。」と定められている。このため，遺言執行者が指定されている場合で，遺言と異なる内容の遺産分割協議を希望するときには遺言執行者の同意も必要となる。

⑤ 相続人以外の受遺者がいる場合の遺産分割協議の可否

(1) 遺贈の種類

遺贈には，包括遺贈と特定遺贈がある[4]。

包括遺贈とは，遺産の全部又は一部について一定の割合で示して行う遺贈をいう（例：財産の2分の1を○○に遺贈する。）。一方，特定遺贈とは特定の具体的な財産を示して行う遺贈をいう（例：A銀行 B支店 普通預金 XXXXXXXについては○○に遺贈する。）。

(2) 遺贈の放棄

イ 特定遺贈の放棄

特定遺贈について受遺者が遺贈を放棄した場合，遺言者の死亡時にさかのぼってその効力を生じることとされ[5]，受遺者への権利の移転は最初から生じかなったこととなる。この場合，遺贈の対象とされた財産は，遺言者が別段の意思表示をした場合を除き相続人に帰属することとなり[6]，相続人による遺産分割の対象となる。

なお，特定遺贈についてはいつでも遺贈の放棄をできるが[7]，一

度行った遺贈の承認又は放棄について撤回することはできない[8]。

ロ　包括遺贈の放棄

　包括遺贈に係る受遺者は相続人と同一の権利義務を有することとされ[9]，包括遺贈を放棄する場合には相続放棄に関する規定が準用される[10]。このため包括遺贈を放棄する場合には，自己のために相続開始があったことを知ったときから３か月以内に家庭裁判所に放棄の申述を行う必要がある[11]。包括受遺者が包括遺贈を放棄した場合には，初めから包括受遺者でなかったものとみなされ[12]，包括受遺者が受けるべき財産は相続人に帰属することとなり[13]，相続人による遺産分割の対象となる。

⑶　相続人以外の受遺者がいる遺言の内容を変更する場合（相続人等により遺産分割協議をする場合）

　特定財産承継遺言があり，かつ，相続人以外の受遺者がいる遺言について内容を変更するために相続人等により遺産分割協議する場合には次のパターンが考えられる。以降，各パターンごとにその内容を掘り下げてゆく。

		特定財産承継遺言	
		内容変更なし	内容変更あり
特定遺贈	放棄なし	—	パターン１
	放棄あり	放棄された財産は相続人による遺産分割協議の対象となる	パターン２
包括遺贈	放棄なし	割合的包括遺贈の場合，遺贈の対象となる財産について包括受遺者と相続人が遺産分割協議を行う	パターン１
	放棄あり	放棄された財産は相続人による遺産分割協議の対象となる	パターン２
	一部放棄あり	パターン３	パターン２

パターン１：特定遺贈（又は包括遺贈）の放棄なし/特定財産承継遺言の内容変更あり

特定遺贈（又は包括遺贈）を残す形で，特定財産承継遺言について内容変更の遺産分割協議を行うことの可否及びその課税関係は明らかではない。したがって，このパターンの内容変更を希望するクライアントがいる場合には，事前にその旨を説明する必要があろう。

また，小規模宅地等の特例や配偶者に対する相続税額の軽減等の特例の適用を受ける場合には，遺言書に併せて遺産分割協議書も提出が必要となることが考えられる。この場合，遺言で財産を帰属させた後に相続人間で財産を贈与又は譲渡したものと税務署から指摘される可能性も考慮しておきたい。

パターン２：特定遺贈（又は包括遺贈）の放棄あり/特定財産承継遺言の内容変更あり

特定遺贈（又は包括遺贈）の放棄については**5**(2)イ・ロのとおりである。このパターンの場合，放棄された特定遺贈（又は包括遺贈）に係る財産を含め，相続人間で遺産分割協議を行うこととなる。

パターン３：包括遺贈の一部放棄あり/特定財産承継遺言の内容変更なし

包括遺贈の一部放棄の可否及びその課税関係については明らかではない。

全部包括遺贈の場合に最高裁は，「遺言者の財産全部についての包括遺贈は，遺贈の対象となる財産を個々的に掲記する代わりにこれを包括的に表示する実質を有するもので，その限りで特定遺贈とその性質を異にするものではないからである。」[14]，「相続財産全部の包括遺贈の場合であっても，個々の財産についてみれば特定遺贈とその性質を異にするものではない」[15]と判示している。包括遺贈

を「特定遺贈をまとめたもの」とみるのであれば，先例はないものの遺産分割に委ねてよい特定の財産のみを包括受遺者が放棄し，その放棄された財産について相続人が遺産分割をしたとみる考え方もある。いずれにしても，包括遺贈の一部放棄の可否及びその課税関係は明らかになっておらず，このパターンの内容変更を希望するクライアントがいる場合には，事前にその旨を説明しておきたい。

Ⅲ 遺言と異なる内容の遺産分割協議を行った場合の課税関係

　特定の相続人に全部の遺産を与える旨の遺言書がある場合に，相続人全員で遺言書の内容と異なった遺産分割をしたときには，受遺者である相続人が遺贈を事実上放棄し，共同相続人間で遺産分割が行われたとみるのが相当であり，贈与税が課されない旨が国税庁タックスアンサーで示されている[16]。

　ただし，当該タックスアンサーが示す課税関係は特定の相続人が全部の遺産に係る遺贈を放棄した場合であり，複数の相続人に対する特定財産承継遺言（相続させる旨の遺言）について遺言と異なる内容の遺産分割協議を行った場合についてまで言及していない。

　前述のとおり，最高裁判所第二小法廷 平成 3 年 4 月19日判決において，特定財産承継遺言は遺産分割の方法を定めたものであり，被相続人の死亡時に直ちに遺産が相続人に相続により承継されると判示している。これについて遺言と異なる内容の遺産分割協議を認めたさいたま地方裁判所平成14年 2 月 7 日判決では，先に示された最高裁判所平成 3 年 4 月19日判決を踏襲しつつ「一旦は遺言内容に沿った遺産の帰属が決まるものではあるが，このような遺産分割は，

相続人間における当該遺産の贈与や交換を含む混合契約と解することが可能であるし，その効果についても通常の遺産分割と同様の取り扱いを認めることが実態に即して簡明である。」と判示している。

　筆者の私見になるものの，複数の相続人に対する特定財産承継遺言について遺言の内容と異なる遺産分割協議を行った場合，相続人間における贈与・交換を含む混合契約と解する見方があるものの，上記さいたま地判より，その効果については通常の遺産分割と同様のものとして贈与税及び所得税の課税関係は生じないと思料される。

Ⅳ 遺産分割協議に切り替えないための対策

　これまで，遺言と異なる内容の遺産分割協議を掘り下げてきたが，作成した遺言がそのまま執行されるに越したことはない。私見にはなるが，筆者自身が遺言提案・助言する際には次のような点に留意している。

① 　関係者の把握及び関係者の意向確認
② 　遺言の作成から相続開始までの期間
③ 　生前贈与の実行状況，財産の内容・金額及び各人ごとの遺留分の金額
④ 　相続税の納税資金の準備
⑤ 　節税対策を中心とした税務面の検討

　以下，各項目の内容について解説する。

1 関係者の把握及び関係者の意向確認

　関係者については，遺言者の子・孫・これらの配偶者の他，内縁

関係にある者，配偶者の連れ子など遺言者ごとに様々である。これらの関係者を把握し，関係者ごとの意向を把握しておきたい。相続人等の意向に沿わないがために遺言と異なる内容の遺産分割協議に切り替えられた事例を複数見てきている筆者としては，遺言がそのまま執行されるためにもぜひとも行っておきたい内容と考える。

2 遺言の作成から相続開始までの期間

　遺言作成から相続開始までの期間が長期間になると見込まれるほど，所有する財産の内容・金額，各関係者の状況や関係性などが変わる。人の死期は神のみぞ知るところであるが，厚生労働省が毎年公表する平均余命はこの期間を考えるに当たって参考に資する。

　また，遺言作成から相続開始までの期間が長期間になると見込まれる場合には，遺言者及び配偶者の認知症リスクについても考えておきたい。二次相続の際の相続税を考慮してあえて配偶者に財産を取得させないといった内容の遺言も考えられるが，配偶者が認知症となり成年被後見人となった場合には成年後見人から遺留分侵害額請求が行われる可能性がある。

　このように，遺言作成から相続開始までの期間が長期間になると見込まれる場合，所有する財産の内容・金額，各関係者の状況や関係性など遺言者を取り巻く状況が変わるため，遺言者の死期を迎える際の状況を正確に予測するのは困難である。場合によっては，遺言者にとって特に取得者を指定したい財産のみを遺言の対象とし，その余の財産については相続人が遺産分割協議を行えるようにしておき，残された関係者に調整の余地を与えるといったことも考えられよう。

遺言作成の際には，後の争いを回避する観点から遺留分を考慮する必要があり，その算定のためにもこれまでに行われた生前贈与の実行状況，財産の内容・金額は事前に把握する必要がある。

4 相続税の納税資金の準備

相続税は亡くなってから10か月以内の金銭一時納付を原則とする。相続が発生した際に相続税が生じると見込まれる事案の場合は，相続税の納税資金についても考慮する必要がある。納税資金の準備としては，事前の不動産等の換価・生命保険金等による納税資金の準備が考えられよう。また，延納による相続税納税を考える場合には担保とする物件も併せて相続させる，時価よりも相続税評価額の方が高いと見込まれる不動産がある場合には抵当権等の事前付け替えによる物納の事前準備を行ったうえで不動産の取得者を指定するといったことも考えられる。

5 節税対策を中心とした税務面の検討

小規模宅地等の特例の適用要件，配偶者の二次相続を見据えて配偶者の取得財産はあえて減らすといったことが考えられる（ただし，配偶者の認知症リスクを考慮する必要あり。）。また，被相続人の自宅がいわゆる旧耐震の家屋の場合には，空き家譲渡の特例を適用できるように自宅敷地と自宅家屋をセットで取得させるといったことも考えられる。

❶ 民法1014②
❷ 最高裁判所第二小法廷平成３年４月19日判決
❸ 前述**2**特定財産承継遺言参照
❹ 民法964
❺ 民法986②
❻ 民法995
❼ 民法986①
❽ 民法989①
❾ 民法990
❿ 民法938〜939
⓫ 民法915①
⓬ 民法939
⓭ 民法995
⓮ 最高裁判所第二小法廷平成８年１月26日判決
⓯ 最高裁判所第三小法廷平成12年７月11日判決
⓰ 国税庁タックスアンサー No.4176 遺言書の内容と異なる遺産分割をした場合の相続税と
　 贈与税

《巻末資料　実務に役立つチェックリスト・遺言書の文案》

《チェックリスト》

《遺言書の文案》

図表2-13 ＜チェックリスト＞エンディングノート等を用いた財産等の洗い出し

【オーナー社長】	年月日	チェック
事業承継の方法（親族内承継、親族外承継、M&A、廃業）は決まっているか。		☐
後継者は決まっているか。また、後継者が決まっている場合、後継者の教育期間は十分確保できているか。		☐
オーナー社長の退職時期は決まっているか。		☐
オーナー社長の退職金原資は確保できているか。		☐
いわゆる名義株がないか確認したか。		☐
オーナー社長および法人間で、債権債務はあるか。		☐
オーナー社長および法人間で、不動産の賃貸借はあるか。		☐
将来の相続税の納税資金は確保できているか。		☐
【不動産複数所有者】	年月日	チェック
不動産を所有するに至った経緯を確認したか。		☐
各不動産の収支計画表を作成し、収支状況や今後の運用方法を確認したか。		☐
共有者の存在を確認したか。		☐
原資料（取得時の売買契約書、賃貸借契約書、その他税務署に提出している各種書類）を確認したか。		☐
土地の賃貸借がある場合、「土地の無償返還に関する届出書」、「相当の地代の改訂に関する届出書」、地代の水準について確認したか。		☐
将来の相続税の納税資金は確保できているか。		☐
【金融資産所有者】	年月日	チェック
預貯金口座の通帳および印鑑の所在は確認したか。		☐
インターネットバンキングを利用している場合、IDやパスワードの記載を確認したか。		☐
取引金融機関数を整理したか。		☐
いわゆる名義財産（名義預金、名義株、名義保険等）がないか確認したか。		☐
デジタル資産がないか確認したか。		☐
生命保険の契約内容（契約上の受取人等）について確認したか。また、相続税の非課税限度額に余剰が生じているか確認したか。		☐

図表3-14　＜チェックリスト＞エンディングノート等を用いた相続税対策

【オーナー社長】	年月日	チェック
事業承継計画表をもとに事業承継を実行できているか。計画通りに進んでいない場合、定期的に計画を見直すこと。		☐
事業承継税制の活用を検討したか。		☐
事業承継税制の適用を受ける意向の場合、適用要件を満たしているか確認したか。また、納税猶予の取消リスク等についてクライアントに説明したか。		☐
遺留分に関する民法の特例（除外合意、固定合意）の利用を検討したか。		☐
役員退職金規定を整備しているか。また、死亡退職金の受取人について検討したか。		☐
死亡退職金の支給を見据えて、役員報酬を見直したか。また、死亡退職金の相続税の非課税限度額に余剰が生じているか、確認したか。		☐
オーナー社長から後継者への株式移転に備えて、株価対策を検討したか。		☐
個人法人間の債権債務の解消方法を検討したか。		☐
【不動産複数所有者】	年月日	チェック
共有不動産がある場合、共有関係の解消による相続税対策を検討したか。		☐
小規模宅地等の特例による相続税の軽減効果が見込める土地について、同特例の適用要件を充足しているか確認したか。		☐
小規模宅地等の特例が適用可能な不動産が複数ある場合、相続税の軽減効果が最も大きくなるよう、当該特例適用の優先順位を確認したか。なお、取得者によって、相続税の軽減効果に差異が生ずる場合があるため、適用対象者についても留意すること。		☐
居住用不動産については、贈与税の配偶者控除の適用により、生前に配偶者に贈与することも検討したか。		☐
収益不動産については、相続時精算課税制度の適用等により、生前に後継者に移転（贈与、譲渡）することも検討したか。		☐
所有不動産について、漏れなく該当市区町村から名寄帳を取得等し、所有不動産の漏れがないよう確認したか。		☐
将来的にも利用予定のない土地や、しばらく放置されている地方の土地等の未利用地について、処分することを検討したか。		☐
【金融資産所有者】	年月日	チェック
「暦年課税制度」及び「相続時精算課税制度」によるシミュレーションを行ったか。		☐
贈与税の非課税規定の適用を検討したか。		☐
死亡保険金の非課税枠を有効に活用するため、生命保険料相当額の現金贈与を検討したか。		☐
相続人以外の親族への贈与を検討したか。		☐
推定相続人のうちに国外居住者がいる場合、相続時に国外転出時課税制度の適用を受けることがないよう検討したか。		☐
金融資産の一部を不動産に組み換えた場合、「不動産複数所有者」と同様の論点が生じることを確認したか。		☐

図表4-4　＜チェックリスト＞相続税対策を遺言書に反映する際の留意点

【共通】－遺言書作成段階－	年月日	チェック
相続税対策の実施状況を踏まえて遺言の内容を検討したか		□
【オーナー社長】		
事業承継計画表に基づき事業承継を実行した。		□
事業承継税制を活用した。		□
遺留分に関する民法の特例 除外合意、固定合意)を利用した。		□
役員退職金規程、死亡退職金の受取人を確認した。		□
死亡退職金の支給を見据えて、役員報酬の見直しを行った。		□
死亡退職金に係る相続税の非課税限度額を確認した。		□
オーナー社長から後継者への株式移転に備えて、株価対策を実行した。		□
個人法人間の債権債務の解消を行った。		□
名義株式の解消を行った。		□
納税資金の不足に対する対応を行った。 対応策　　　　　　　　　　)		□
【不動産複数所有者】	年月日	
共有不動産の共有関係の解消を行った。		□
小規模宅地等の特例の適用対象地を確認した。		□
居住用不動産について、配偶者に贈与し贈与税の配偶者控除を適用した。		□
収益不動産について、相続時精算課税制度を選択し後継者に贈与した。		□
所有不動産について漏れなく該当する市区町村に対する名寄帳を取得した。		□
利用予定のない土地や放置されている未利用地を処分した。		□
納税資金の不足に対する対応を行った。 対応策　　　　　　　　　　)		□
【金融資産所有者】	年月日	
暦年課税制度」及び 相続時精算課税制度」よるシミュレーションを行った。		□
贈与税の非課税規定の適用を行った。 適用した特例　　　　　　　　)		□
死亡保険金の非課税枠を有効に活用するため、生命保険料相当額の現金贈与を行った。		□
相続人以外の親族への贈与を行った。		□
国外居住者が相続時に国外転出時課税制度の適用を受けることがないよう措置した。		□
金融資産の一部を不動産に組み換えた。		□
名義預金の解消を行った。		□
相続税対策を踏まえて付言事項を検討したか		□
遺言執行者選任の要否を確認したか、遺言執行者 予定者)に依頼を行ったか		□
遺言書案を作成する。		□
【共通】－遺言書作成後 適時)－	年月日	チェック
相続人の異動状況は確認したか		□
遺言書作成時の特例が適用可能か否か確認したか		□
相続財産の時価の変動はないか		□
遺言書の見直しを行ったか		□
遺言書の書き換えを行ったか		□

文案1　支配権を確保するための例

> 第○条　遺言者は、遺言者が有する次の株式のうち長男○○（昭和○年○月○日生）に
> 2,100株、長女○○に300株を相続させる。
> 　　　株　　　式
> 　　　種　　類　　○○株式会社（本店所在地○○）の株式
> 　　　株　　数　　2,400株
> 第●条　付言
> 　　上記の株式を相続させる趣旨は、○○株式会社の総株式数 3,000 株の3分の2以上を
> 長男に相続させることにより、会社の経営権を確保するためです。

文案2　相続人以外の者に株式を遺贈する例

> 第○条　遺言者は、遺言者が有する株式会社○○（本店所在地○○）の株式○○株を次
> の者に遺贈する。
> 　　　住　　　所　　東京都中央区八重洲○−○−○
> 　　　職　　業　　株式会社○○取締役
> 　　　氏　　　名　　○○　　○○
> 　　　生年月日　　昭和○年○月○日生
> 第●条　付言
> 　　遺言者の相続開始後、上記の者を会社経営の後継者とするため、株式を遺贈するもので
> す。別途、同人に対し支給される死亡退職金を納税資金に充ててください。

文案3　法人に対する貸宅地を相続人に遺贈する例

第○条　遺言者は、遺言者が○○株式会社（本店所在地○○）に対して賃貸している次の
　　宅地を長男○○に相続させる。
　　　　土　　地
　　　　所　　在　　東京都中央区○○
　　　　地　　番　　○番
　　　　地　　目　　宅地
　　　　地　　積　　120.0 ㎡
第●条　付言
　　上記土地は，昭和○年の会社設立当時から会社に賃貸しています。会社の設立があった
　昭和○年分の遺言者の父○○の所得税の確定申告書の控えには，権利金○○万円が不動産
　所得の収入金額として記載されています。また，平成○年に父○○が亡くなった際の相続
　税の申告書には，上記土地の評価額につき，自用地評価額から借地権価額を控除した価額
　として記載されています。

文案4　自社に対する貸付金を放棄する例

第○条　遺言者は、遺言者が○○株式会社（本店所在地○○）に対して有する次の貸付金
　　債権を放棄する。
　　　　貸　付　金　　○○万円
　　　　貸　付　日　　平成○年○月○日
　　　　利　　息　　年○％
第●条　付言
　　○○株式会社の経営状況から上記貸付金の回収は困難と見込まれるため、貸付債権を放
　棄するものです。

文案 5　遺産分割協議を考慮し長女に全株式を相続させる例

> 第〇条　遺言者は，遺言者が有する〇〇株式会社（本店所在地〇〇）の全株式を長女〇〇
> に相続させる。
> 第●条　付言
> 　上記の株式を相続させる趣旨は，長女を私の後継者とするため全株式を相続させるとと
> もに，相続税の納税猶予の申請手続きを期限内に終えるためです。

文案 6　死亡退職金を遺留分対策として利用する例

> 第〇条　遺言者は，遺言者が有する〇〇株式会社（本店所在地〇〇）の全株式を長女〇〇
> に相続させる。
> 第〇条　遺言者は，次の死亡退職金について，次のとおり受取人を指定する。
> 　　　死亡退職金　支　払　者　　　〇〇株式会社
> 　　　　　　　　　死亡退職金　　　〇〇万円
> 　　　　　　　　　死亡退職者　　　遺言者
> 　　　　　　　　　受　取　人　　　長女〇〇2分の1
> 　　　　　　　　　　　　　　　　　長男〇〇2分の1
> 第●条　付言
> 　長女に全株式を相続させ会社経営を承継することとしてますが，長男及び長女の納税資
> 金を考慮し，長女及び長男を受取人としました。

文案7　代償分割の例

> 第○条　遺言者は，遺言者が有する次の土地1及び土地2を長女○○（昭和○年○月○日生）に，土地3を次女○○（平成○年○月○日生）に相続させる。
>
> ①土　地1
>
> 　　所　　在　　○市○町○丁目
>
> 　　地　　番　　○番
>
> 　　地　　目　　宅地
>
> 　　地　　積　　○.○㎡
>
> ②土　地2
>
> 　　（土地の表示は割愛）
>
> ③土　地3
>
> 　　（土地の表示は割愛）
>
> 第○条　長女○○は、前条に記載する土地1及び土地2を相続することの代償として、次女○○に○○万円を支払う。支払期限は遺言者の相続開始のときから○ヵ月以内とする。
>
> 第●条　付言
>
> 　遺言者の土地を姉妹に均等に相続できないため、長女に土地1及び土地2を、次女に土地3を、それぞれ相続させる。長女の取り分が多いので土地2を売却して次女に対する代償金に充ててください。土地1に小規模宅地等の特例を適用し、土地2に譲渡所得の取得費加算の特例を適用すると、トータルとしての税金の負担額が最も少なくなります。

文案8　換価分割の例

> 第○条　遺言者は，遺言者が有する次の土地を換価処分させ、その換価代金から、換価に関する一切の費用（不動産仲介手数料，登記費用，譲渡所得税等）及び換価が完了するまでに要する管理費用等を控除した残額を、長女○○（昭和○年○月○日生）及び次女○○（平成○年○月○日生）に各2分の1の割合で相続させる。
>
> 　　土　　地
>
> 　　所　　在　　○市○町○丁目
>
> 　　地　　番　　○番
>
> 　　地　　目　　宅地
>
> 　　地　　積　　○.○㎡

文案 9 申告期限までに遺産分割協議が調わないことを見据え

長男に対象土地を相続させる例

第○条　遺言者は、遺言者が有する次のすべての土地を長男○○（昭和○年○月○日生）
　　に相続させる。
　①土　地 1
　　　所　　在　　　○市○町○丁目
　　　地　　番　　　○番
　　　地　　目　　　宅地
　　　地　　積　　　○.○㎡
　②土　地 2
　　　所　　在　　　●市●町●丁目
　　　地　　番　　　●番
　　　地　　目　　　宅地
　　　地　　積　　　●.●㎡
第●条　付言
　遺言者の土地のすべてを長男に相続させる趣旨は、相続税を大きく減額することができ
る小規模宅地等の特例の適用に当たり、申告期限までに適用対象土地を指定する合意がで
きないことに備え、長男のみの選択により特例対象の土地を決めることができるようにす
るためです。

文案 10　小規模宅地等の特例の適用により最大限の節税を図る例

第○条　遺言者は、遺言者が有する次の土地について、持分 100 分の 82.5 を長女○○
　　　（昭和○年○月○日生）に、持分 100 分の 17.5 を妻○○（昭和○年○月○日生）に
　　　相続させる。
　　　土　地
　　　所　　在　　　○市○町○丁目
　　　地　　番　　　○番
　　　地　　目　　　宅地
　　　地　　積　　　400.0 ㎡
第●条　付言
　上記の割合で土地を相続させる趣旨は、長女に持分 100 分の 82.5（330 ㎡）を相続
させることにより、一次相続で限度面積の 330 ㎡、二次相続で 330 ㎡を超える 70 ㎡に
小規模宅地等の特例を適用し、最大限に相続税額の節税を図るためです。

文案 11 対象不動産を売却することを前提に小規模宅地等の特例を適用させない例

第○条　遺言者は、遺言者が有する次の土地を長男○○（昭和○年○月○日生）に相続させる。

土　地

所　　在　　○市○町○丁目

地　　番　　○番

地　　目　　宅地

地　　積　　○.○㎡

第●条　付言

　上記の土地は，相続税の納税資金に充てるために売却することを前提に，長男に相続させることにしました。私の死後，３年以内に売却することによって，譲渡所得課税の取得費加算の特例を適用することができます。売却対象の土地に小規模宅地等の特例を適用すると取得費に加算する相続税相当額が減少し所得税が増えるので注意してください。

文案 12　配偶者居住権を遺贈する例

第○条　遺言者は、遺言者の妻○○（昭和○年○月○日生）に、遺言者が所有する次の建物の配偶者居住権を遺贈する。

建　物

所　　在　　○市○町○丁目○番地○

家屋番号　　○－○－○

種　　類　　居宅

構　　造　　木造スレート葺平屋建

床 面 積　　一階　○.○㎡

第○条　遺言者は、遺言者の妻○○に、遺言者が有する次の預金債権を相続させる。

　○○銀行○○支店普通預金　名義　遺言者○○　口座番号 XXXXXXX

第○条　遺言者は、遺言者の長女○○（昭和○年○月○日生）に、前々条の配偶者居住権付の建物を相続させる。

第○条　遺言者は、遺言者の長女○○（昭和○年○月○日生）に、次の土地の所有権を相続させる。

　（土地の表示は割愛）

第●条　付言

　遺言者の妻○○には，将来の不安なく自宅に住み続けてほしいと思い，配偶者居住権と金融資産を相続させることにしました。妻が亡くなった際には配偶者居住権は消滅することとされているので，相続税対策としても有効です。長女○○はこの趣旨を理解し，お母さんの面倒をみてください。

文案13　対象土地を物納させる例

第〇条　遺言者は、遺言者が有する次の土地を次女〇〇（昭和〇年〇月〇日生）に相続させる。
　　土　　地
　　所　　在　　〇市〇町〇丁目
　　地　　番　　〇番
　　地　　目　　宅地
　　地　　積　　〇.〇㎡
第●条　付言
　上記の土地は、相続税の物納をすることを前提に、次女に相続させることにしました。物納が認められた場合、相続税額を超えると見込まれます。相続税額を超える部分については、譲渡所得課税の対象とされますが、特例の適用により一定の軽減措置を受けることができます。

文案14　名義預金を名義人に相続させる例

第〇条　遺言者は、遺言者の長男〇〇（昭和〇年〇月〇日生）に、遺言者が有する次の預金債権を相続させる。
　　〇〇銀行〇〇支店普通預金　名義　長男〇〇　口座番号 XXXXXXX
第●条　付言
　遺言者に帰属する上記預金債権は、長男に相続させるために、私が長男の名義で積み立てていたものです。

文案 15　生前贈与について持戻しを免除する例

第〇条　遺言者は、遺言者の長男〇〇（昭和〇年〇月〇日生）の結婚資金として援助した
　〇千万円について、特別受益の持戻しを免除する。

第●条　付言

　長男〇〇には、お母さんの面倒や祭祀の承継者として経済的負担をかけることになる
ため、過去における援助を生前贈与として考慮しないことにしました。

文案 16　相続人以外の者へ金銭を遺贈する例

第〇条　遺言者は，遺言者の亡長男の妻〇〇（昭和〇年〇月〇日生）に療養看護のお礼と
　しての〇〇万円を遺贈する。

第●条　付言

　亡長男の妻〇〇には，遺言者の生前，長年にわたり療養看護を行ってもらったので，そ
のお礼として金銭を遺贈することとしました。相続税の申告によって生ずる相続税額相当
額も含めたものです。

文案 17　公共法人等へ金銭を遺贈する例

> 第○条　遺言者は，私が有する次の預金債権のうち２分の１を次の公益法人（受遺者）に
> 　対し遺贈し，２分の１を遺言者の長男○○（昭和○○年○月○日生）に相続させる。
> 　受遺者
> 　　名　　称　社会福祉法人　○○○○
> 　　所在地　　○○市○○区○○町○丁目○番地○
>
> 　　○○銀行○○支店普通預金　　名義　○○口座番号 XXXXXXX
> 第●条　付言
> 　社会福祉法人○○○○への遺贈寄附は寄附金控除の対象となることを確認しています。
> 私の所得税の準確定申告の際に寄附金控除の還付申告を行ってください。なお，税務署か
> らの還付金は法定相続分により分割してください。

文案 18　国外転出時（相続）課税を回避する例

> 第○条　遺言者は、遺言者の長男○○（昭和○年○月○日生）に、遺言者が有する遺言者
> 　名義の○○銀行○○支店のすべての預金債権及び遺言者名義の●●証券のすべての上
> 　場株式を相続させる。
> 第○条　遺言者は、遺言者の長女○○（昭和○年○月○日生）に、遺言者が有する遺言者
> 　名義の××銀行××支店のすべての預金債権を相続させる。
> 第○条　長男○○は、前々条の財産を相続することの代償として、長女○○に○○万円を
> 　支払うこととする。
> 第●条　付言
> 　遺言者の上場株式を長男○○に相続させる趣旨は、非居住者である長女○○に相続させ
> ると、国外転出（相続）時課税の対象となり、上場株式の含み益に係る準確定申告が必要
> となるためです。

文案 19　遺言執行者を指定する例

第〇条　遺言者は、本遺言の遺言執行者として次の者を指定する。
　　住所　東京都中央区八重洲〇－〇－〇
　　職業　〇〇
　　氏名　〇〇　生年月日　昭和〇年〇月〇日
第〇条　遺言執行者は、本遺言執行のための一切の権限を有する。本遺言の執行に当たり、本遺言に記載された不動産の名義変更並びに預貯金債権の名義変更、解約及び換金等を行うことができる。
第〇条　遺言執行者に対する報酬は、遺言者の相続開始時における遺言執行対象財産の相続税評価額（小規模宅地等の特例の適用前）の〇〇パーセントとする。

文案 20　公正証書遺言の書き換えの例

第〇条　遺言者は、令和〇年〇月〇日に作成した公正証書遺言の第〇項を撤回し、以下のとおり変更する。
第〇条
　遺言者は、遺言者の有するすべての預金債権を、遺言者の次女〇〇（昭和〇年〇月〇日生）の夫〇〇（昭和〇年〇月〇日生）に遺贈する。
第●条　付言
　妻亡き後，長年面倒をみてもらった次女〇〇にすべての財産を相続させようと思っていましたが，私より先に次女〇〇が亡くなったため，その夫〇〇にすべての預金債権を譲ります。長女〇〇は，私の意思に異議を唱えることなく，これからも〇〇さんを援助してください。

編著者紹介

河合　厚（かわい　あつし）…………………………… 編者・第1章共同執筆
税理士。税理士法人チェスター東京本店代表兼審査部部長。東京国際大学特任
教授。国税出身で，国税庁個人課税課課長補佐（審理担当），税務大学校専門
教育部主任教授，大阪国税不服審判所審理部長，税務署長を歴任。
主な著書に『資産税専門税理士が実践する関与先の継続管理術』・『マンション
節税と相続税シミュレーション』・『デジタル財産の税務Q＆A』（共著，ぎょ
うせい），『コンメンタール所得税法』（共著，第一法規）他。

山田　庸一（やまだ　よういち）… 編者・第1，4，6章共同執筆，第5章執筆
CST法律事務所パートナー弁護士，遺産分割・会社法務・租税訴訟等を取り扱う。
東京大学法学部卒業，1999年4月弁護士登録，元国税審判官（任期付公務員）
週刊税務通信「実務家が知っておくべき『最新未公表裁決』」（執筆者の一人）

山中　啓二郎（やまなか　けいじろう）…………………………… 第2，3章執筆
税理士。税理士法人チェスター渋谷事務所所属。大学卒業後，金融機関・複数
の税理士法人での勤務を経て現職。主に相続税申告業務を担う。

前山　静夫（まえやま　しずお）…………………………… 第4章共同執筆
税理士。税理士法人チェスター東京本店審査部。国税出身で，関東信越国税不
服審判所審判官，関東信越国税局国税訟務官室長，税務署長などを歴任し現職。
相続税の生前相談のほか税理士会各支部等において実務セミナー講師として従
事。主な著書に，『変わる生前贈与とタックスプランニング』・『マンション節
税と相続税シミュレーション』（共著，ぎょうせい）他。

小林　寛朋（こばやし　ひろとも）…………………………… 第6章共同執筆
税理士。中澤君衣税理士事務所所属。
主な著書に，『デジタル財産の税務Q&A』（共著，ぎょうせい），『有利・不利
の分岐点が分かる！変わる生前贈与とタックスプランニング』（共著，ぎょう
せい），『令和6年度版　パッとわかる！相続税・贈与税コンパクトブック（共
著，第一法規），他。

**相続税専門税理士が実践する
エンディングノート&遺言書活用術**

令和6年11月20日　第1刷発行

編著者　河合　厚　山田庸一

著　者　前山静夫　山中啓二郎　小林寛朋

発　行　株式会社 ぎょうせい

〒136-8575　東京都江東区新木場1-18-11
URL：https://gyosei.jp

フリーコール　0120-953-431

ぎょうせい　お問い合わせ　検索　https://gyosei.jp/inquiry/

〈検印省略〉

印刷　ぎょうせいデジタル株式会社　　　©2024 Printed in Japan

＊乱丁・落丁本は、お取り替えいたします。

ISBN978-4-324-11472-8
(5108977-00-000)
〔略号：エンディング遺言〕